Natürlich nordisch

KIRSTEN VISDAL

Natürlich nordisch

Fotos von
Nina Dreyer Hensley
Jim Hensley

BUSSECOLLECTION

Originalausgabe:
„Naturligvis"
Copyright © VERSAL FORLAG 2011
Imprint in Gyldendal Norsk Forlag A/S

Deutsche Ausgabe:
© Busse Verlag GmbH, Bielefeld, 2014
Übersetzung: Frauke Watson, Ballaugh, Isle of Man
Druckvorstufe: L&L Fotosatz GmbH, Hiddenhausen
Gedruckt in der Europäischen Gemeinschaft
ISBN 978-3-512-04034-4
All rights reserved

www.bussecollection.de

Inhalt

Vorwort 6

Die Bewohner 8

Eine Wohnung mit Seele 12

Herbstlich 28

Ferienhaus im Skigebiet 32

Ein altes Schulhaus 50

Papier 68

Natürlich 70

Wolle und sonst so allerlei 86

Nordisch 88

Eine weiße Welt 100

Schweizer Askese 120

Recycling 132

Kontinentaler Stil am Seeufer 136

Ganz einfach wunderbar 148

Botanisch 168

Verwitterte Fichte 172

Zweige und Äste 192

Nordisches Feng Shui 194

Herzsteine 210

Traumhaus 212

Vintage 232

Bauhaus-Design 236

Bezugsquellen und Danksagung 260

Vorwort

Kirsten

Ich mag es, die Wahl zu haben. Oder besser gesagt, ich mag es, dass sich Menschen für etwas und dabei gleichzeitig gegen etwas anderes entscheiden. Dass man sich bewusst gegen etwas Bestimmtes entscheidet, um dann etwas anderes Bestimmtes zu tun. Ich glaube, das ist gerade heute ganz besonders wichtig, wo so vieles so vielen zugänglich ist. Und es hat auch etwas damit zu tun, den Nutzen vor das Aussehen zu setzen. Das gelingt ganz sicher nicht alles auf Anhieb. Und es ist schön, sich auf etwas zu freuen. Zu planen, zu warten, vielleicht darauf zu sparen – und es endlich zu bekommen.

Diese bewusste Wahl und dieser Entstehungsprozess spiegeln sich in den Interieurs wieder, die ich Ihnen in diesem Buch vorstellen werde. Man spürt durchweg die schöpferische Freude über das Erreichte. Ich habe bei den dreißig Familien, die ich für dieses Buch besucht habe, viel „Alltagsschönheit" entdeckt. Es sind nicht immer die schönsten und teuersten Wohnungen, doch mir kam es auf den besonderen Charakter an, auf unkonventionelle Lösungen, kreative Entscheidungen, Funktionalität und Sinn für Ästhetik. Manche Elemente der Einrichtung waren von Anfang an so gedacht und andere entstanden eher zufällig im Laufe der Zeit. Kontraste zwischen verschiedenen Stilrichtungen wurden dabei oft zum bestimmenden Merkmal. Es gefällt mir, wenn helle, moderne und rustikale, traditionelle Elemente in kreativer Spannung zueinander stehen, wenn glatte, ultramoderne Oberflächen mit altehrwürdigem Handwerk kombiniert werden. Da erzählt jedes Zuhause eine eigene Geschichte.

Allen Wohnungen in diesem Buch ist eine natürliche Einfachheit gemeinsam. Und überall ist die Natur spürbar, einmal in Form von Baumstümpfen, Ästen oder Wurzeln, ein andermal durch die warmen Farbtöne von unbehandeltem Holz. Gerade in hellen Einrichtungen werden gern moderne Möbelklassiker mit naturbelassenen oder nach der Natur gestalteten Objekten kombiniert. Ich persönlich finde den Kontrast zwischen dem Natürlichen und dem Geschaffenen einfach spannend.

Ästhetik wird gern als „die durch die Sinne gewonnene Erkenntnis" definiert. Mein persönliches ästhetisches Empfinden entstand in meiner Kindheit auf einem norwegischen Berghof. Dort lernte ich Einfachheit, klare Linien und blank gescheuerte Oberflächen schätzen. Wir lebten im Einklang mit der Natur und richteten uns nach dem Tageslicht und den Jahreszeiten. Natürlich kann ich mich für schöne, kostbare und ultramoderne urbane Interieurs begeistern, aber im tiefsten Inneren zieht es mich immer wieder zum Einfachen, Natürlichen und Hellem zurück.

Ich danke den Frauen, die uns für dieses Buch in ihren Häusern und Wohnungen willkommen hießen. Sie haben sich zusammen mit ihren Familien ein Zuhause geschaffen, so wie ich es liebe – inspiriert von der Natur und dem hellen, nordischen Tageslicht!

Nordisches Feng Shui
194

Heidi

Susanne
Bauhaus-Design
236

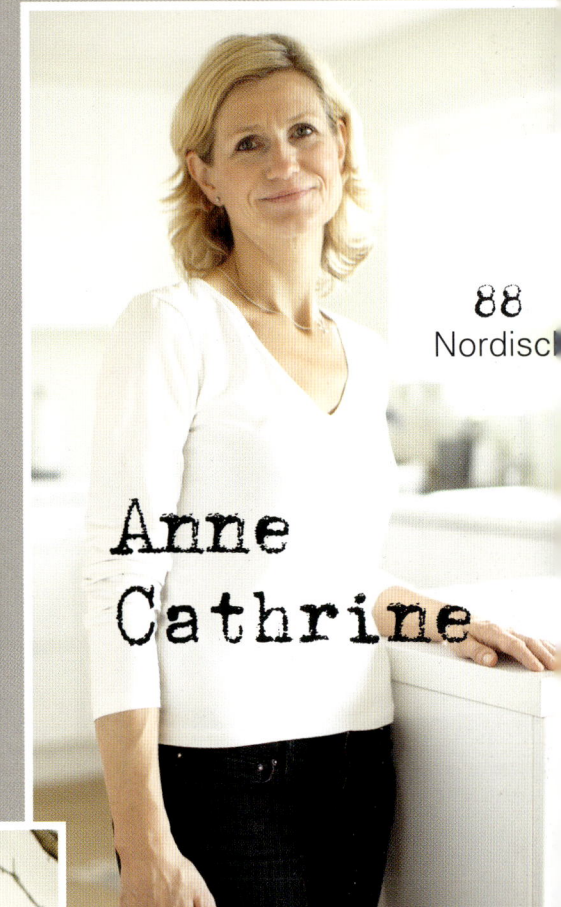

88
Nordisch

Anne Cathrine

136
Kontinentaler Stil am See

Kjersti

Heidi
Traumhaus
212

172
Verwitterte Fichte

Elisabeth

Eine Wohnung mit Seele
12

Line

Hanne

Ferienhaus im Skigebiet
32

Maria

Ein altes Schulhaus
50

Schweizer Askese
120

Vibeke

70
Natürlich
Heidi

Trude

Eine weiße Welt
100

Kari Janne

Ganz einfach wunderbar
148

Tannenzapfen, Pilze und Moos

Eine Wohnung mit Seele

Sie wollten unbedingt in ihrem Lieblingsstadtteil wohnen – in Sankthanshaugen, einem kleinen Vorstädtchen, in dem das westliche und das östliche Oslo in einem hübschen Park aufeinander treffen. Dort gibt es viele kleine Geschäfte, gemütliche Cafés und vor allem viele ganz verschiedene Menschen. Die Familie wünschte sich eine Wohnung, die groß genug war für zwei Erwachsene und zwei Kinder und möglichst ein wenig ab vom Verkehr gelegen. Am liebsten mit einem kleinen Hintergarten, wo die Kinder in Ruhe spielen konnten.

Line, Pål und die beiden kleinen Töchter Ella und Anna fanden so ziemlich genau das Richtige im 83. Quadrat. Die Wohnung war ein wenig heruntergekommen, aber sie hatte Potential. Nach anderthalb Jahren Arbeit wurde daraus ein modernes und sehr persönliches, auf die Bedürfnisse einer Familie mit Kleinkindern zugeschnittenes Zuhause. Große Räume wurden unterteilt und ein großer, eingebauter Garderobenschrank sorgt für mehr Stauraum. Ein neuer Fichtenholzboden zieht sich durch die ganze Wohnung. Er wurde mit Öl und weißem Pigment behandelt, damit er schön hell bleibt. „Der Fußboden war unsere Priorität" sagt Line. „Er ist die Grundlage für alles andere und daher wünschten wir uns Naturmaterial von hoher Qualität." Zwei Zimmer sind durch doppelte Glastüren unterteilt, um mehr Licht in die Wohnung zu lassen.

Mehrere Wände wurden mit Naturholz verschalt, um die Oberflächenstrukturen zu variieren. Starke Farbkontraste findet man hier nicht. „Eine neutrale Farbpalette passt am Besten zu uns" sagt Line. „Ich liebe das Sanfte und aufeinander Abgestimmte. Das schafft Ruhe." Die Farbskala erstreckt sich von Weiß, Schwarz über helle Grautöne bis hin zu Taupe. Naturholz, rustikale

Keramik und Fundstücke aus der Natur geben dem Ganzen ein Gefühl von Wärme und Behaglichkeit.

Es wurden wenige neue Dinge angeschafft, das meiste stammt aus der alten Wohnung. Vieles davon sind Erbstücke von Lines Großmutter, wie zum Beispiel der Küchentisch und das Himmelbett, in dem sie selbst geboren wurde. „Ich hatte ein sehr enges Verhältnis zu meiner Oma und sie ist noch immer eine Inspirationsquelle für mich" erzählt Line. Andere Schätze stammen von den Flohmärkten rund um Oslo, darunter eine Teak-Kommode, ein Klippan-Sofa von Ikea, ein Sofatisch aus den 1970er-Jahren und ein schwarz gestrichener Schaukelstuhl. Eine schöne Mischung aus Alt und Neu.

Line mag Schwarzweißfotografien. Eine ganze Wand des Wohnzimmers ist bedeckt mit einer schwarz gerahmten Fotogalerie, zumeist Bilder von Familie und Freunden. Überall in der Wohnung zeigen spontane Stillleben auf den ersten Blick, dass hier Individualisten mit einem Gefühl für Ästhetik und einem Blick fürs Detail leben. Es sind Kombinationen von Bildern aus Zeitschriften, Fotografien, von Ikonen und Fundobjekten in fantasievoller Anordnung. Die Ikea-Küche bekam eine persönliche Note durch neue Handgriffe und aus einem alten Holztisch wurde mit ein paar Pinselstrichen ein hübscher kleiner Schreibtisch.

Line hat jahrelange Berufserfahrung in der Einrichtungsbranche, in den letzten Jahren als Stylistin bei ELLE Interieur und inzwischen als Ressortleiterin für Interieur bei der norwegischen Zeitschrift Kamille. Durch ihren Job ist sie bereits mehrmals in Marokko gewesen und hat sich dabei in den ethnischen Stil verliebt. Das nächste Projekt in der Wohnung wird daher ein Badezimmer im modernen marokkanischen Stil sein. Und das Ehepaar wünscht sich ein paar Sessel von Hans Wegner. „Nun ja, man darf ja wohl ein wenig träumen" lacht Line. Sie haben sich mit der Entwicklung ihrer Einrichtung viel Zeit gelassen. Größere Dinge werden nach und nach angeschafft, dann, wenn Geld und vor allem ein guter Grund da ist. Die Wohnung ist eben ein ästhetischer Genuss.

Eine Collage aus Zeitungsausschnitten, Urlaubspostkarten und Kinderfotos.

Blickfang im Wohnzimmer ist die Teakholz-Anrichte aus den 1970er-Jahren.

Kupfer und Teak

WOHNUNG MIT SEELE 27

Herbstlich

Herbststimmung aus der Natur: Horn, Federn, Tannenzapfen, Wolle und Schaffelle.

EIN FERIENHAUS IM Skigebiet

Hanne Borge ist die Frau, die „Shabby Chic" in Norwegen eingeführt hat. Früher reiste sie nach Frankreich, um dort Madonnenfiguren und weißgestrichene Schränke mit der perfekten Patina einzukaufen. Es gab eine Zeit, in der das Einrichtungsgeschäft Bolina am Osloer Stadtrand, das Hanne mit ihren Schwestern betreibt, diesen Stil sozusagen exklusiv vertrat. Doch nach ein paar Jahren wandten sich die Bolina-Schwestern dem Industriestil zu und reisten stattdessen nach London. Von dort aus gelangten nun alte Postschränke, rustikale Schlachterbänke und alte Fabriklampen in norwegische Trendsetter-Wohnungen. Ein paar Lieblingsstücke behielten Sie jedoch für die Einrichtung der Ferienhütte. Die Familie hatte vor acht Jahren ein Stück Land gekauft um dort ein Ferienhaus zu bauen, das von den verschiedenen Wohnorten aus gut zu erreichen war, mit einer Slalombahn ganz in der Nähe. Im Haus ist so viel Platz, dass die großen Kinder Freunde mitbringen und die Kleinen viele schöne Erinnerungen mit nach Hause nehmen können.

„Die Freude liegt in der Erwartung und auf dem Weg zum Ziel können wir gemeinsam etwas Neues schaffen" sagen Hanne und Per. So saßen die beiden jeden Abend zusammen und zeichneten Pläne, surften im Internet und sammelten Zeitschriftenartikel. Sie bauten ein Miniaturhaus aus Pappe, um jedes Detail genau festzulegen. Setzten Annoncen in die Lokalzeitung, um alte Türen aus Abrisshäusern zu retten. Die Türen der Küchen- und Badezimmerschränke bestehen aus alten, wind- und wettergegerbten Lattenzäunen.

Das Holz für die Küchenschränke stammt von einem alten Lattenzaun.

In der ganzen Einrichtung dominieren wettergegerbte Naturmaterialien. Boden und Wände sind eine harmonische Kombination aus Beton, Naturholz und recycelten Keramikfliesen. Zentrum der Hütte ist der große Gemeinschaftsraum mit großen Glasfenstern und 4 Meter Deckenhöhe. Der Feuerholzstapel reicht frisch aufgefüllt beinahe bis zur Decke und wird im Winter, wenn es im Kamin einladend knistert, allmählich kleiner. Der massive Holztisch stammt aus Belgien. Teller und Tassen haben auf einem ausrangierten Regal aus einer Londoner Bäckerei Platz. Rund um den imposanten steinernen Kamin aus Frankreich laden mit Schaffellen bedeckte Sessel und ein selbst gezimmertes Tagesbett zum Einkuscheln und Ausruhen ein.

Hanne und Pers 200 Quadratmeter großes Traumhäuschen hat zwei Etagen. Skiausrüstung, Sportkleidung und Stiefel haben in dem geräumigen Flur Platz. Im Erdgeschoss befinden sich drei Schlafzimmer, zwei Bäder und ein Gästezimmer, die alle meistens in Gebrauch sind.

FERIENHAUS IM SKIGEBIET 37

Das Rentiergeweih wird durch eine Lichterkette zum dekorativen Kronleuchter.

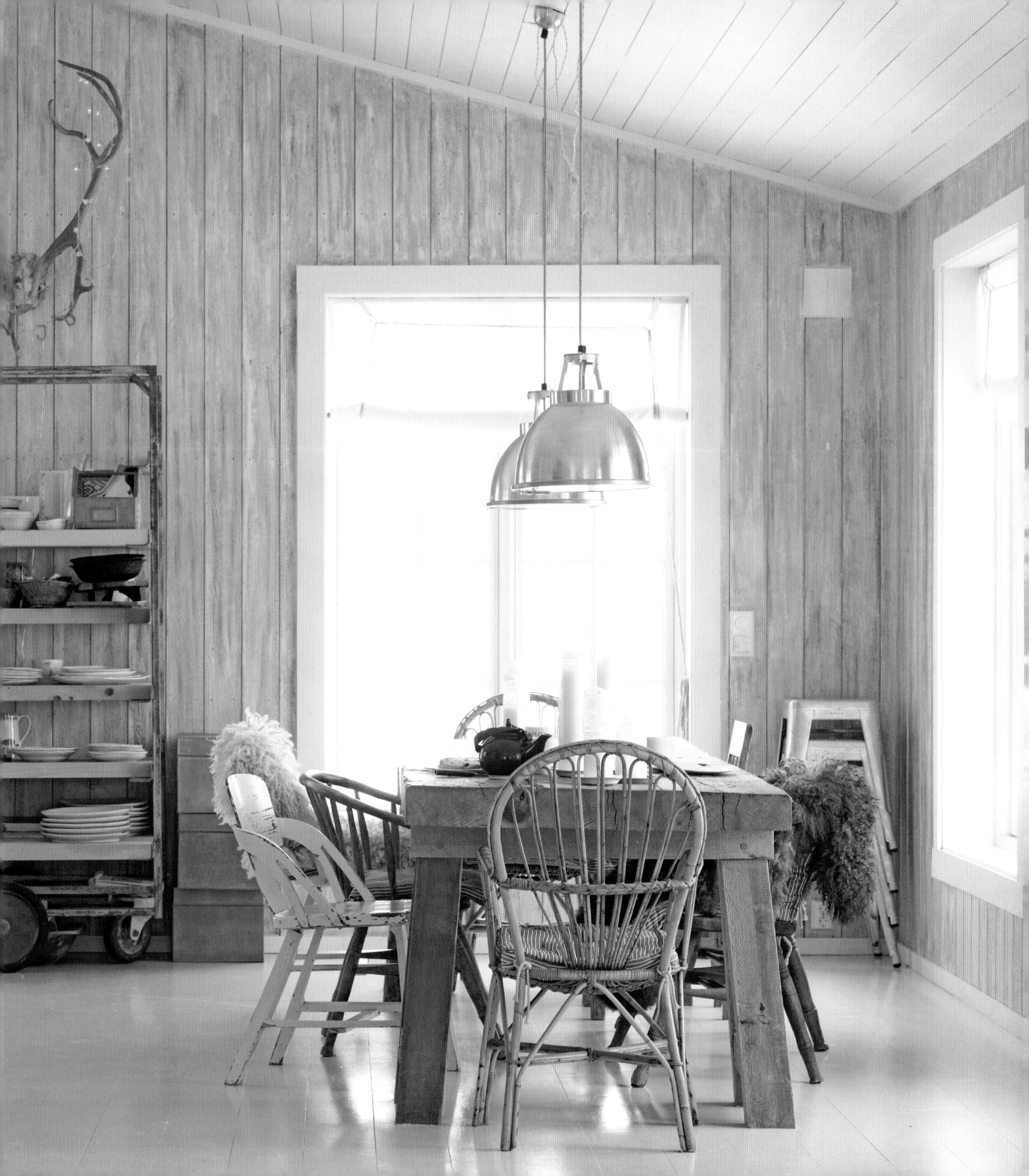

Mit einer Tischplatte aus Zink wird aus dem alten Baumstumpf ein praktischer Sofatisch.

FERIENHAUS IM SKIGEBIET 41

42 NATÜRLICH NORDISCH

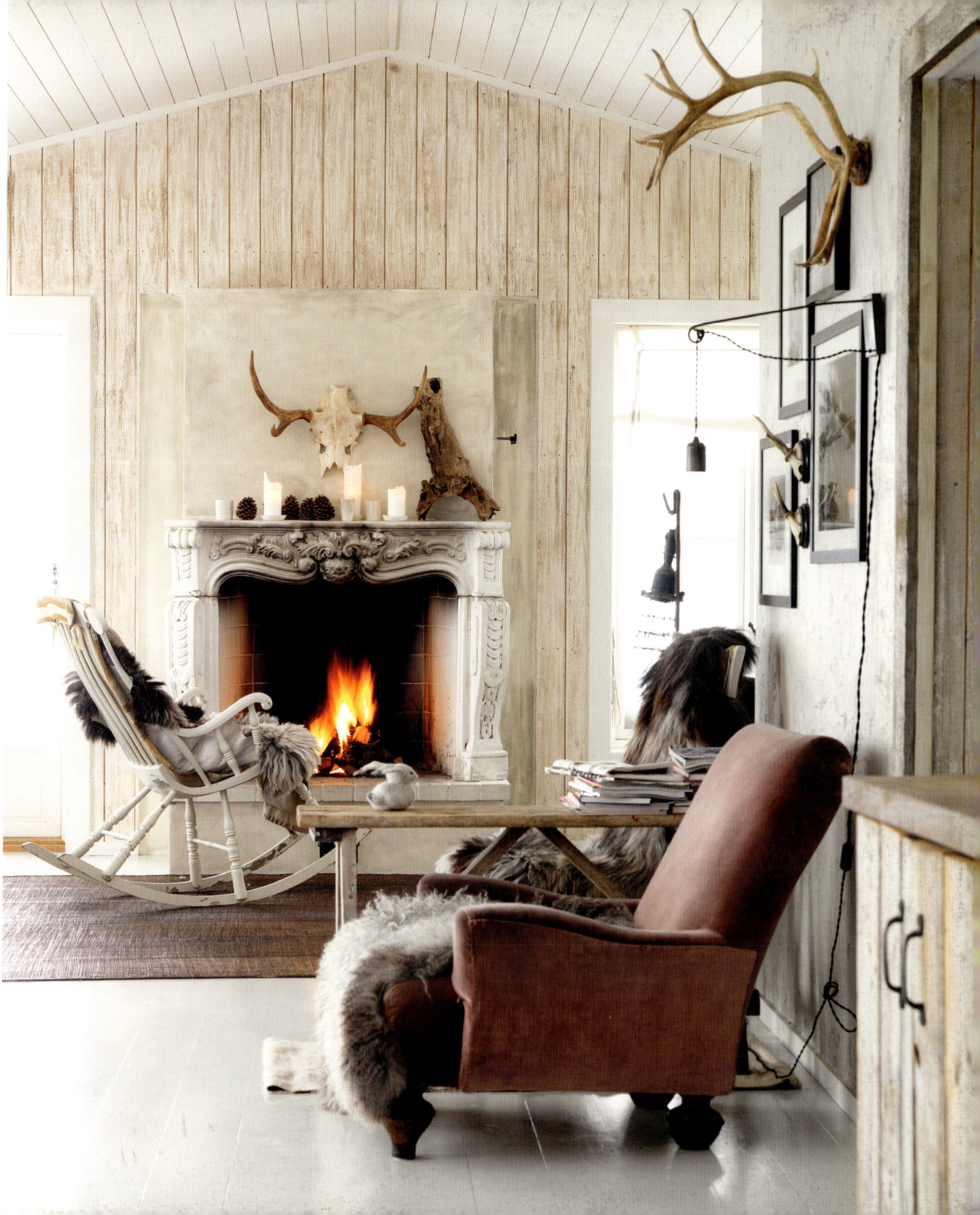

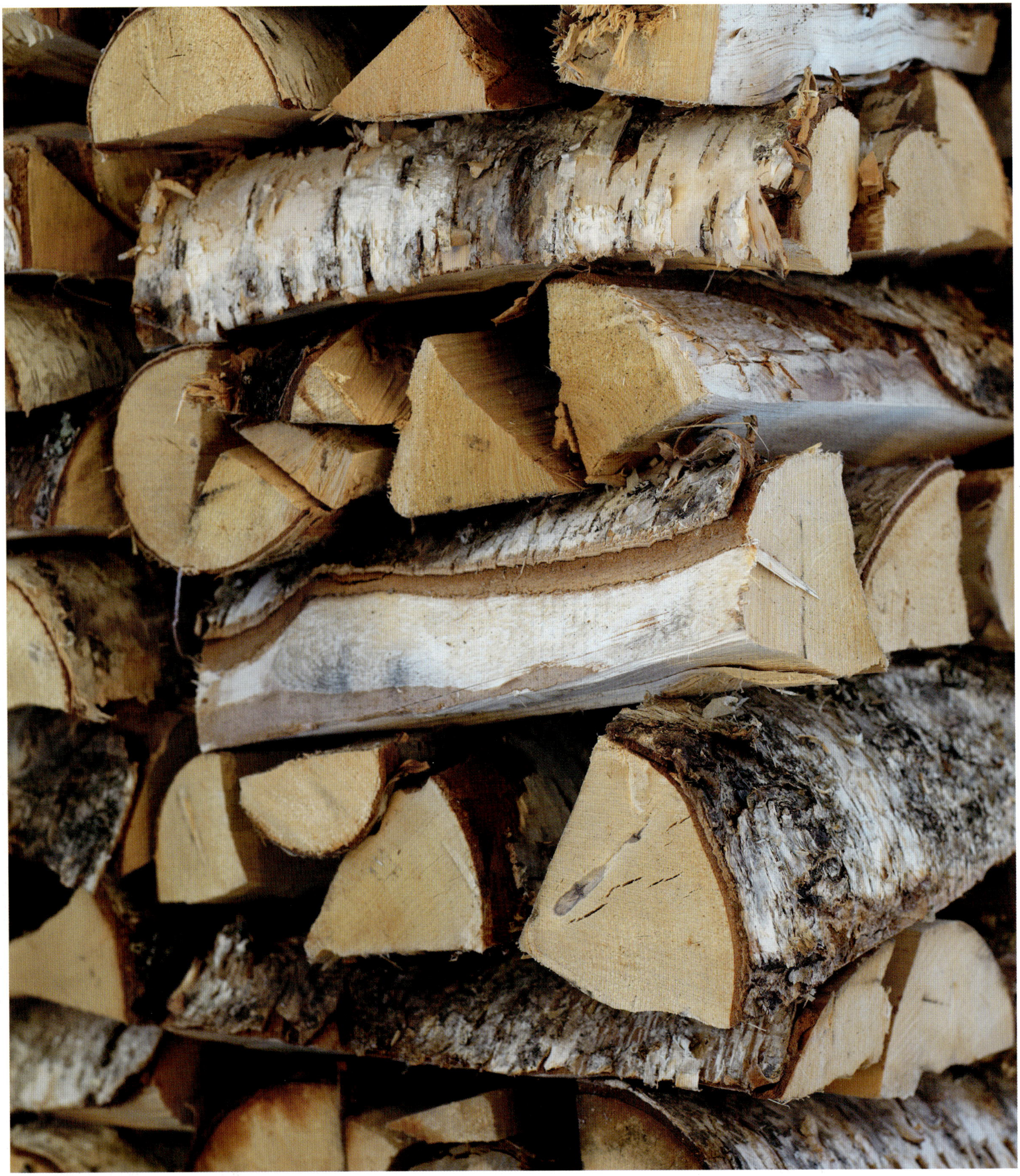

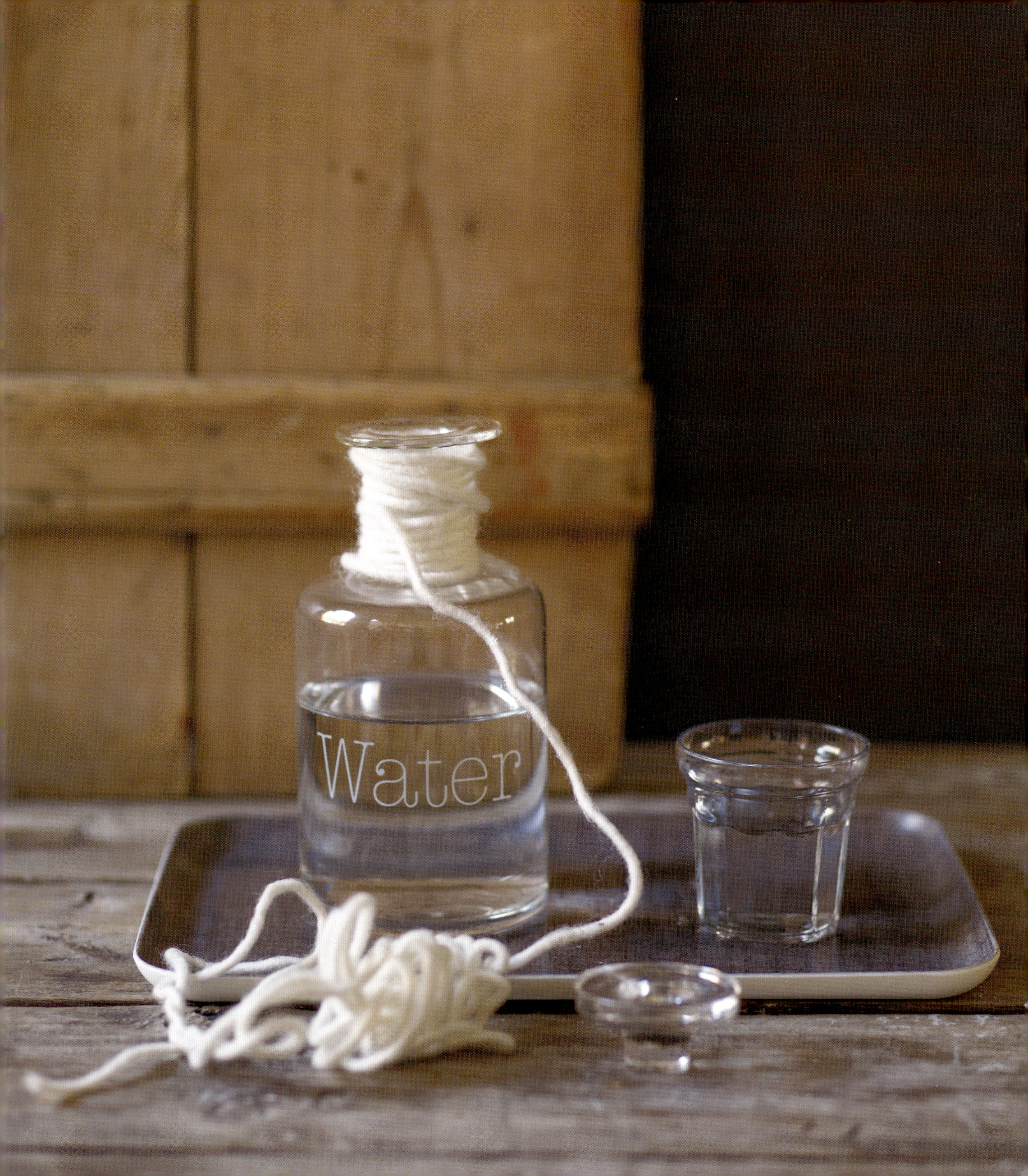
Water

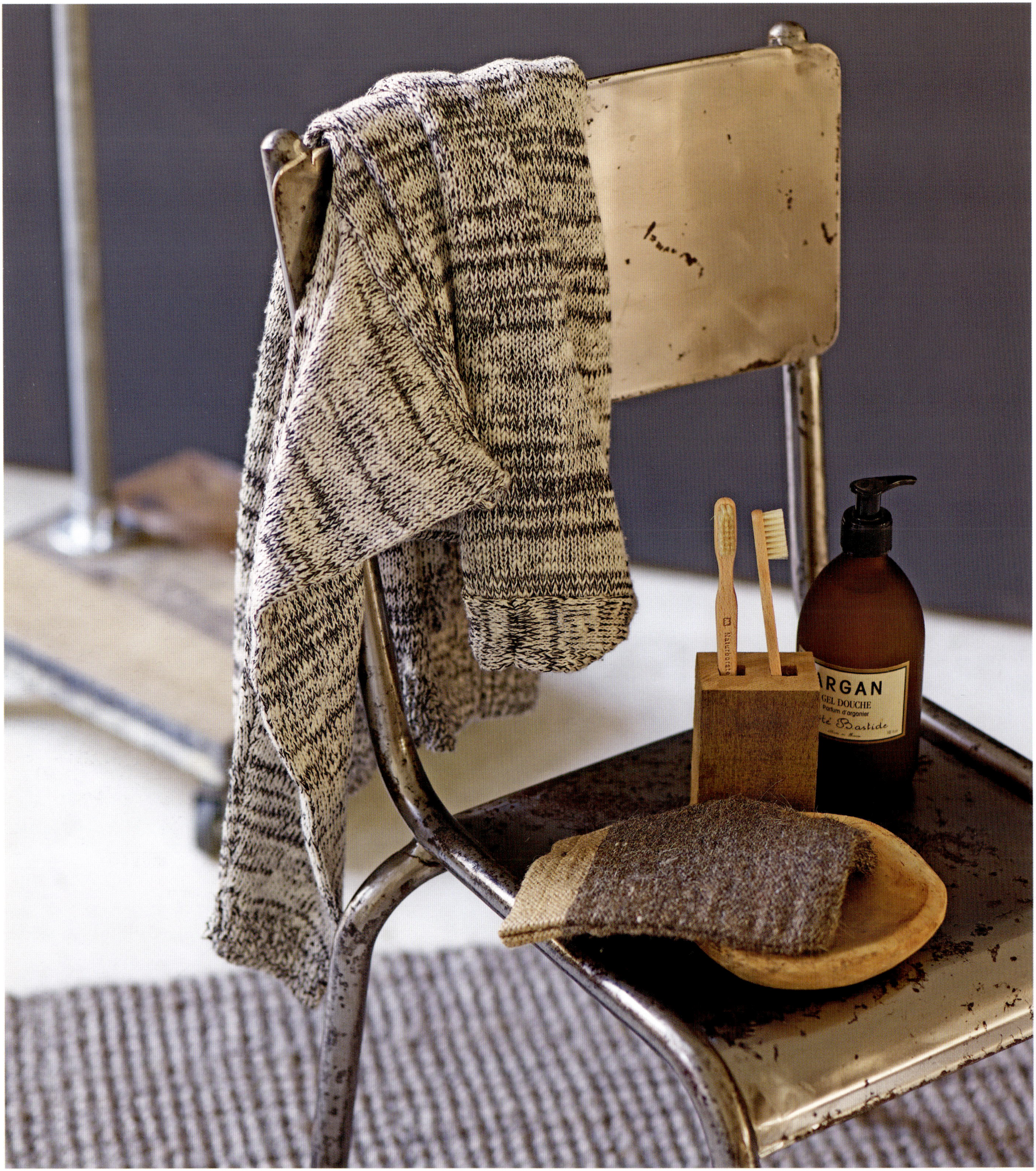
GEL DOUCHE
Parfum d'arganier

Betonputz, Terrazzofliesen und Möbel-Veteranen: Eine erstaunlich warme Kombination.

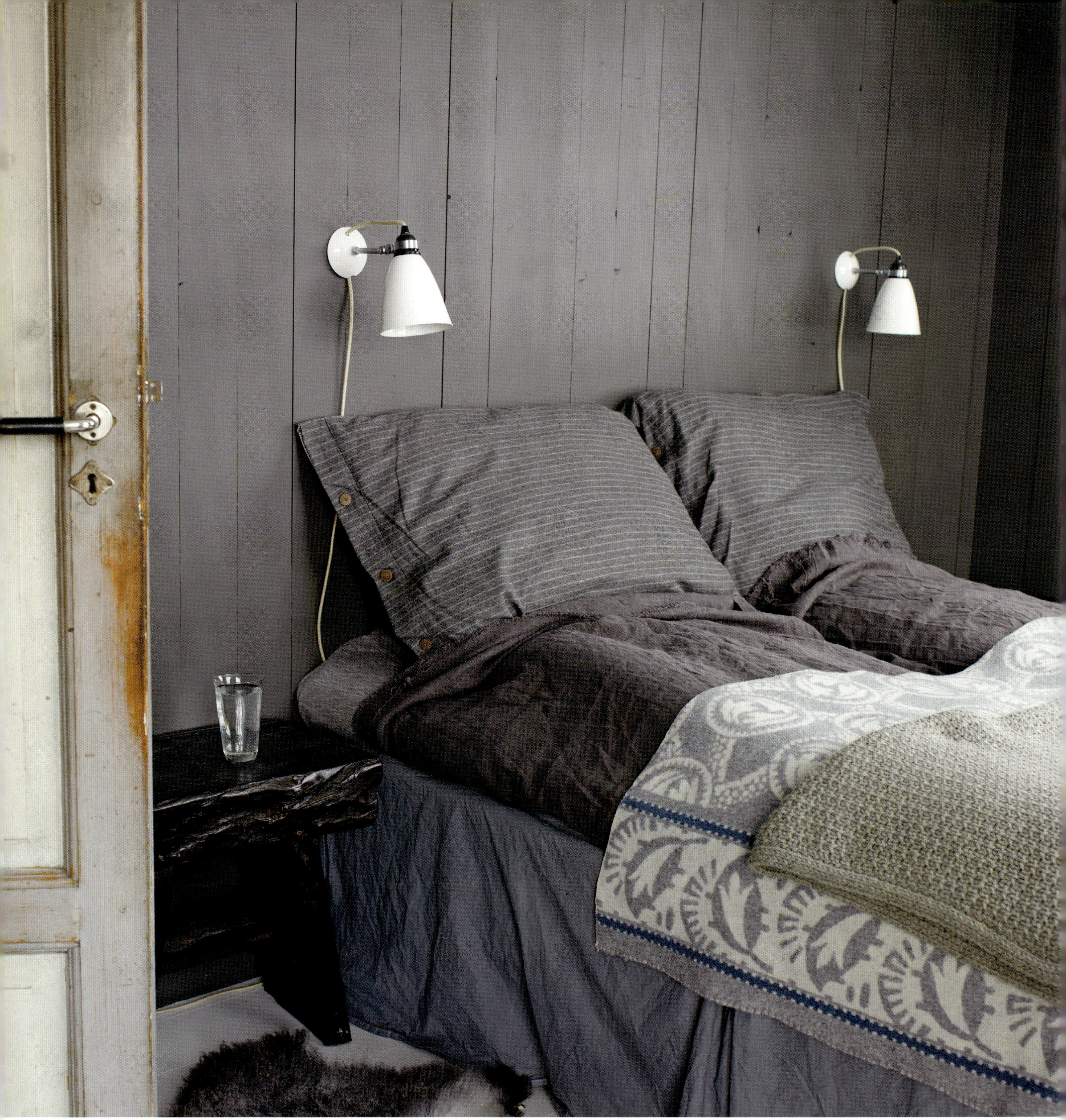

FERIENHAUS IM SKIGEBIET 49

MARIA
Ein altes Schulhaus

Ein Keramik-Engel mit hauchfeinen Flügelchen schwebt in einem beleuchteten Fenster im ersten Stock. Maria hat ihn gemacht. Ihre Werkstatt ist unten im Garten des Mehrfamilienhauses, in dem sie mit ihrer Familie wohnt.

Die 95 Quadratmeter große Wohnung in dem ehemaligen Schulhaus am Stadtrand von Oslo ist genau das, was Maria und ihr Mann Jørgen sich vorgestellt hatten. Sie war eigentlich einzugsbereit, doch die beiden beschlossen dann doch, die vorher aus 2 Räumen bestehende Küche umzubauen. Die alte Zwischenwand wurde entfernt, die Holztäfelung der anderen Wände jedoch beibehalten. Der Kühlschrank und der Backofen aus Edelstahl stehen zwischen alten Archivschränken und einem Arbeitstischchen aus Holz. Die Küchenstühle stammen aus einer Baptistenkirche in Asker. Die funktionale Corian-Kücheninsel dient als Arbeitsfläche und Küchentisch zugleich. Sie ist so massiv, dass sie mit dem Kran durch das Fenster gehoben werden musste.

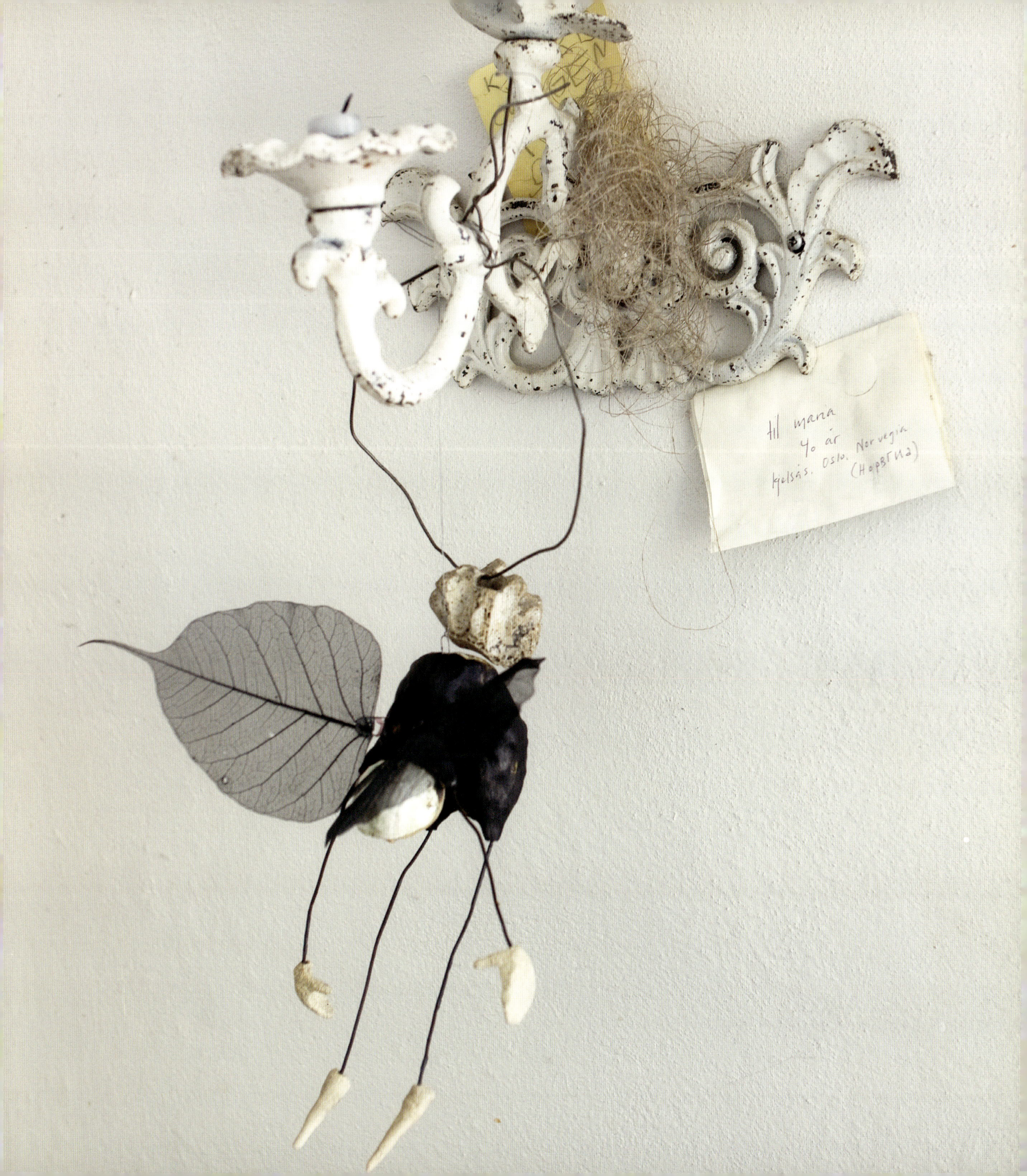
til maria
40 år
Kjelsås. Oslo. Norvegia
(Норвгиа)

52 NATÜRLICH NORDISCH

EIN ALTES SCHULHAUS 53

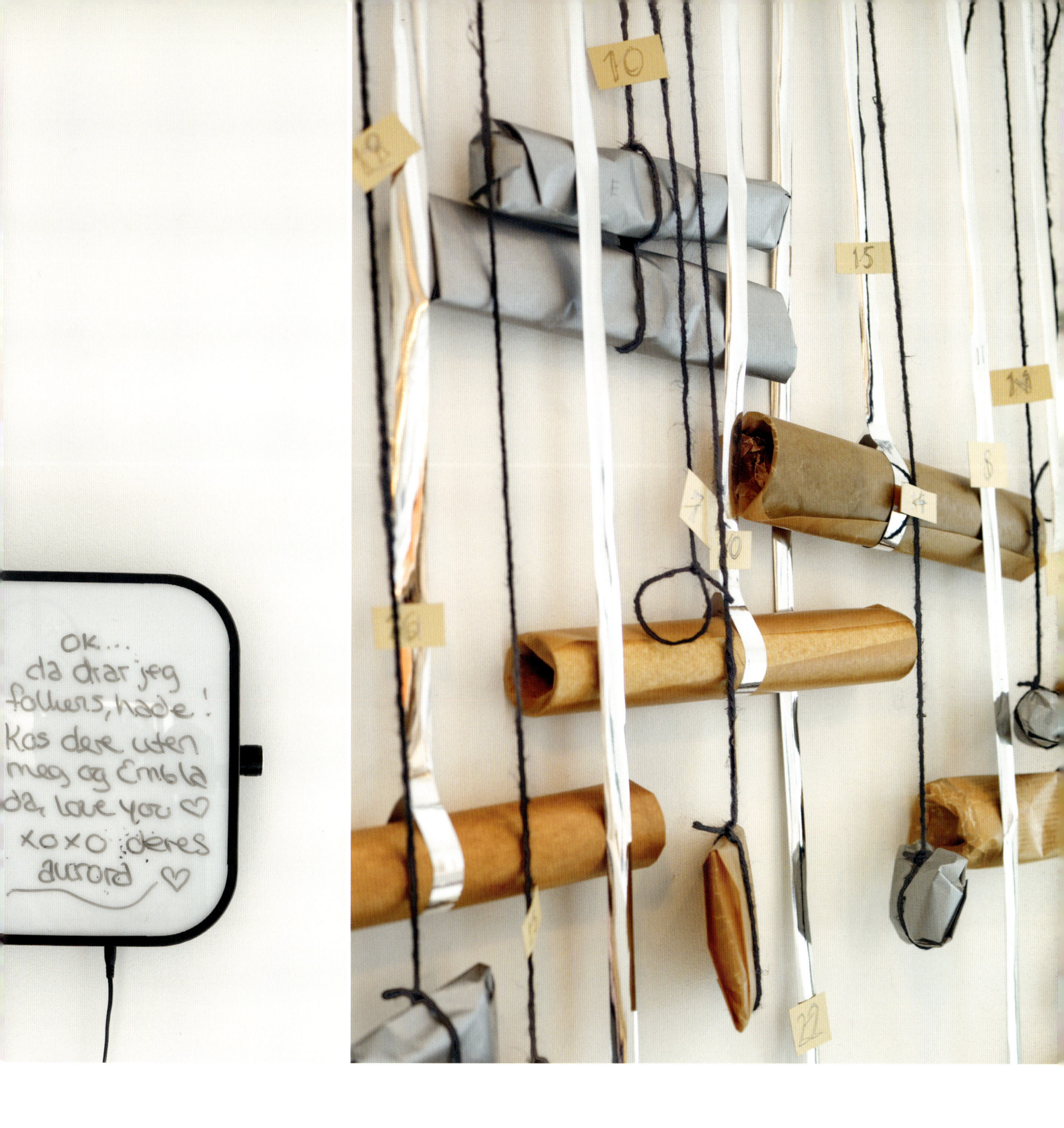

An der Wand ein Tryptichon aus

alten Stoffsäcken.

EIN ALTES SCHULHAUS 55

Keramikengel aus Marias Werkstatt.

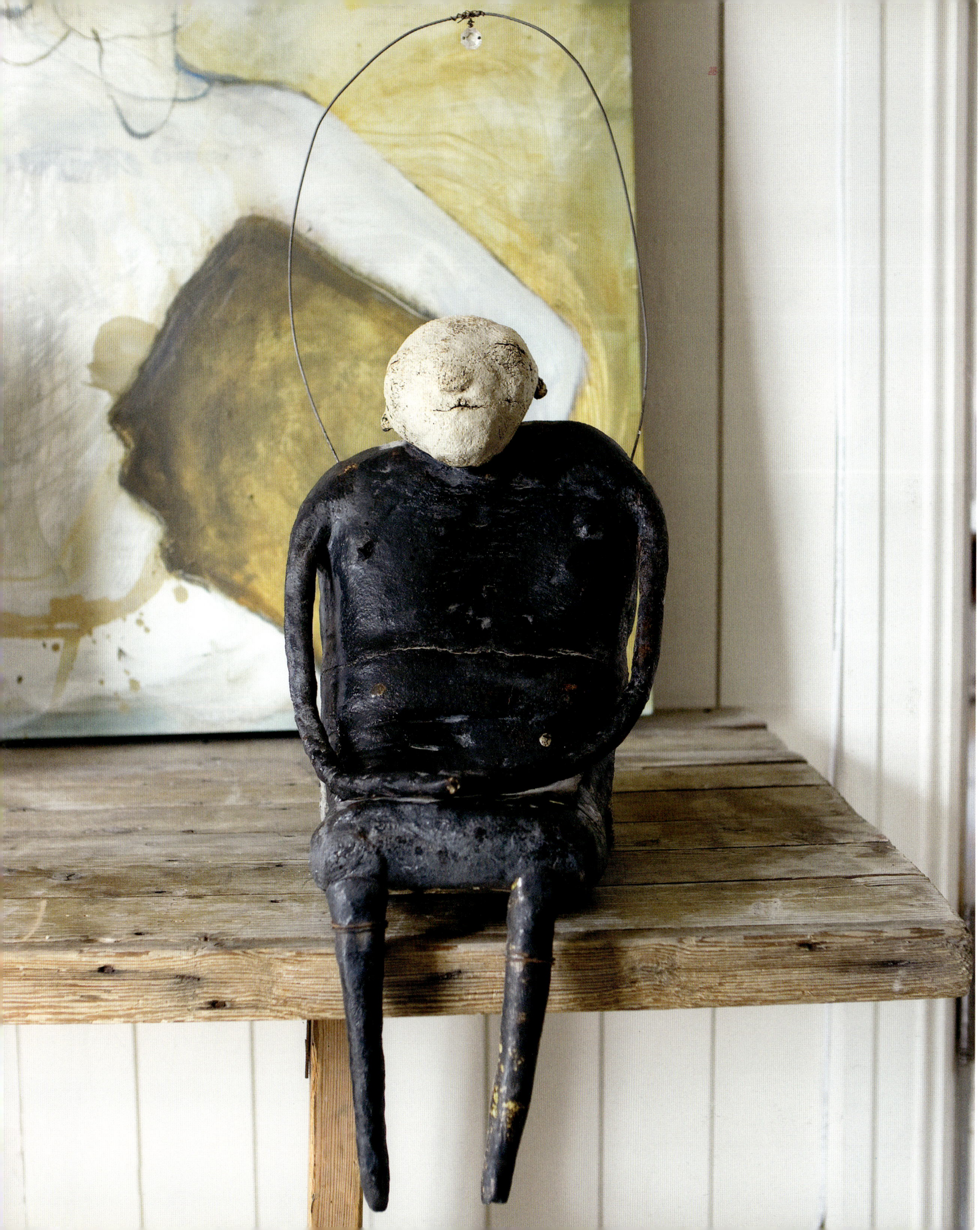

NATÜRLICH NORDISCH

Eine Deckenlampe aus Birkenreisig

EIN ALTES SCHULHAUS

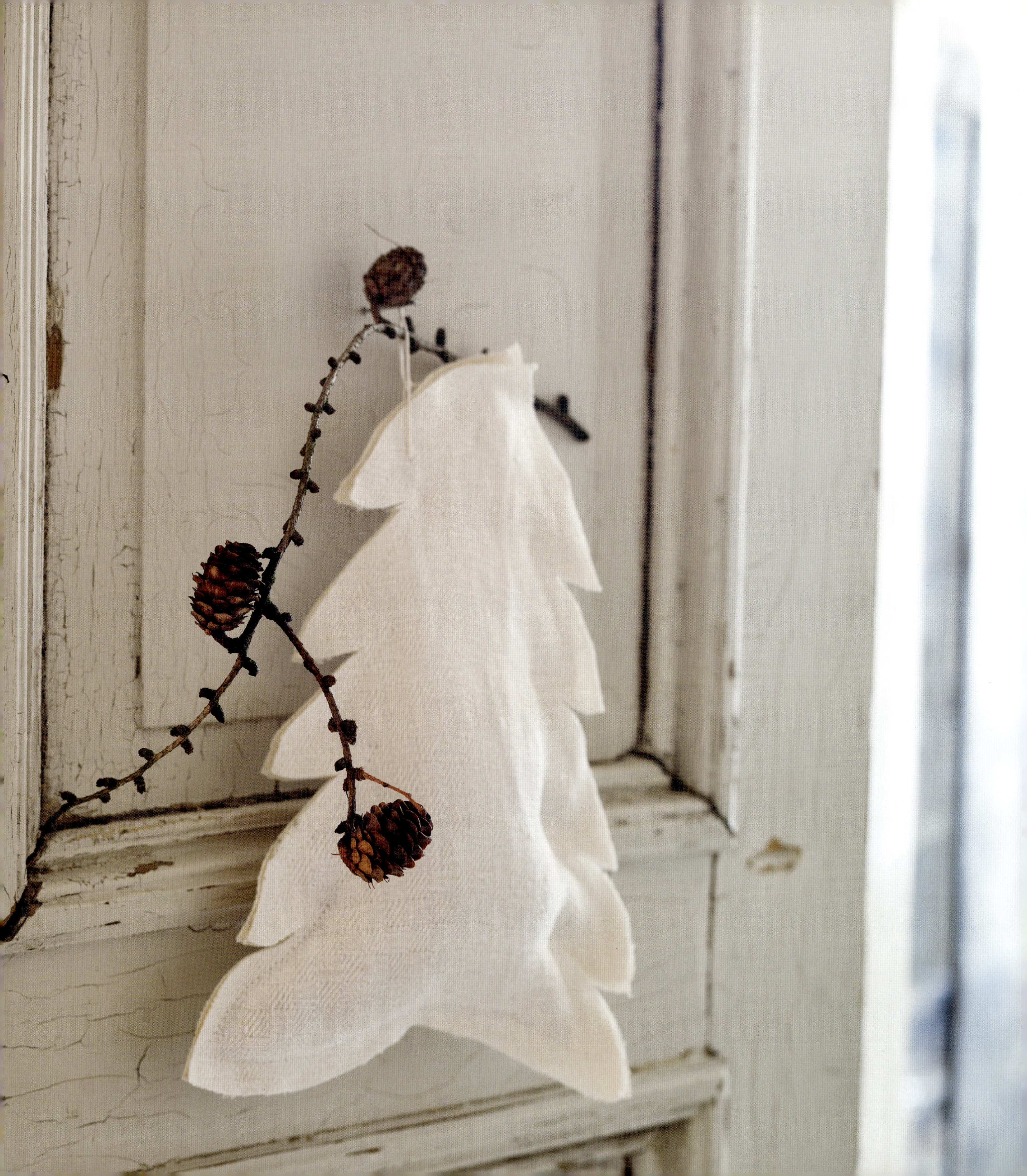

EIN ALTES SCHULHAUS 61

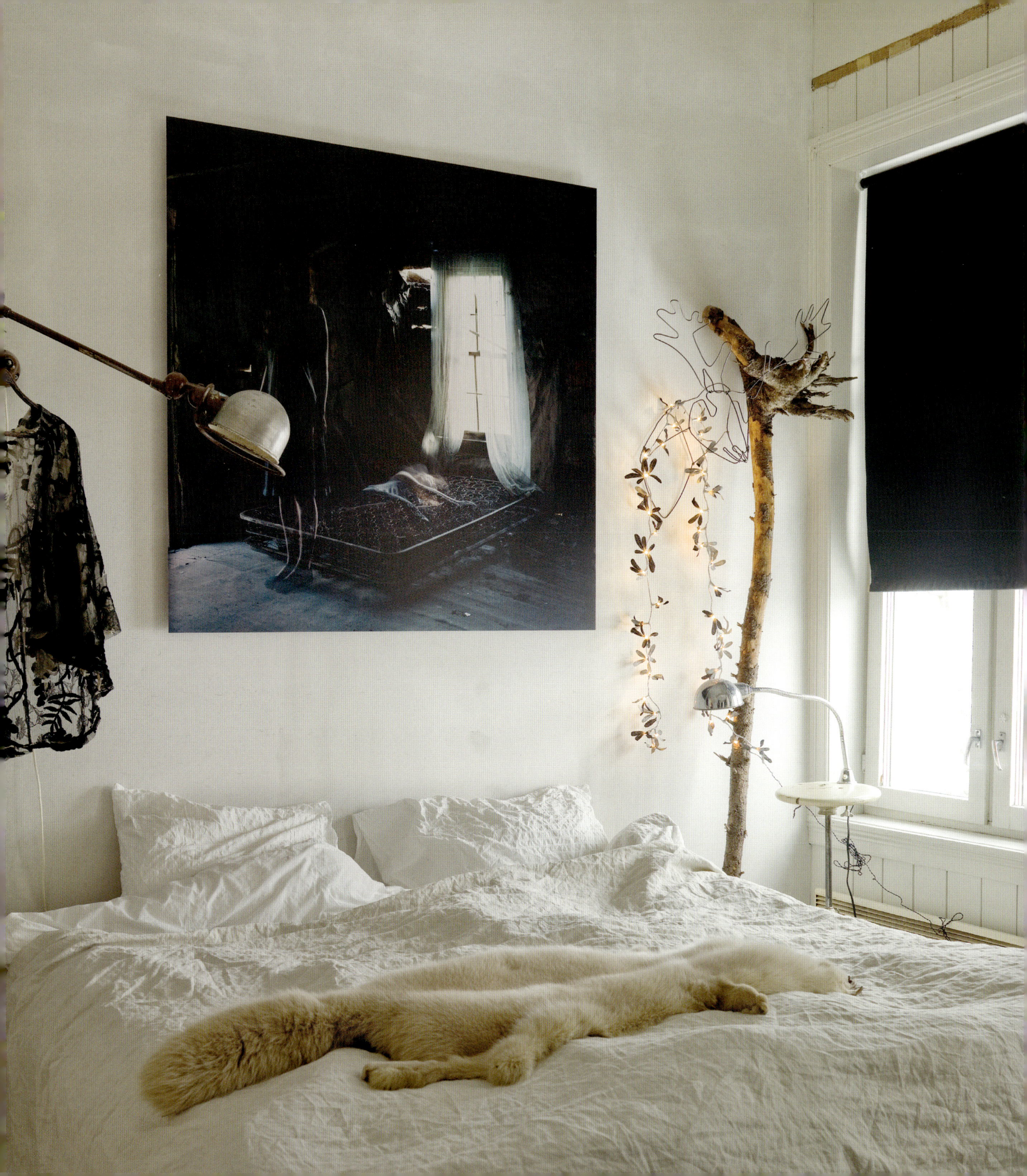

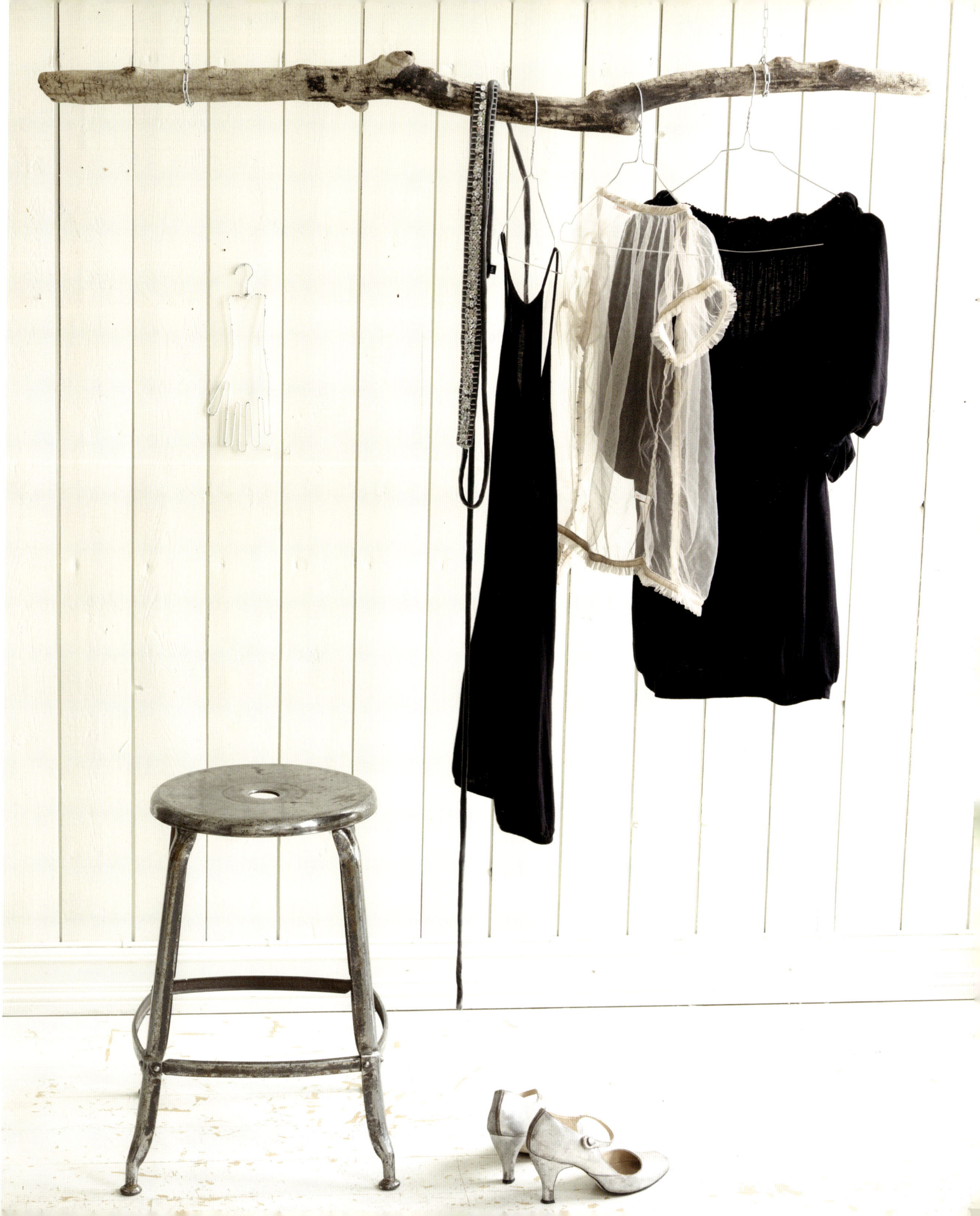

Überall an den Wänden hängen Bilder, Gedichte und Zeichnungen der beiden Töchter Embla und Aurora. Die Dekoration zur Weihnachtszeit ist schlicht und natürlich: Ein hauchzarter Adventskranz aus Draht und Tannenzapfen, ein Hirschkopf aus Stahldraht, behängt mit einer Lichterkette und selbst gebastelte Kerzenhalter aus Draht und alten Knöpfen.

Maria kombiniert in ihren Kunstwerken gern grobes, quasi unfertiges Material. Viele der Leuchten in der Wohnung sind Flohmarktfunde aus den Niederlanden oder Belgien. Maria liebt interessante alte Dinge, von zarten Spitzen bis hin zu rustikalen Möbeln. An einer Wohnzimmerwand steht ein alter Holztisch, den Jørgen in Einzelteilen im Müllcontainer fand. Das graue Sofa, die Rattansessel und der Glastisch sind modern. Von der Decke hängt ein antiker Kristallleuchter aus einem Osloer Antiquitätengeschäft.

Hier gibt es immer wieder etwas Neues zu entdecken – ein Rehfell auf dem Bett, das Gemälde einer alten Russin in Blumenkittel oder ein winziger rosa Mausembryo in einer Medizinflasche! Denn „das, was eigentlich nicht passt, sorgt für die Spannung" sagt Maria.

EIN ALTES SCHULHAUS

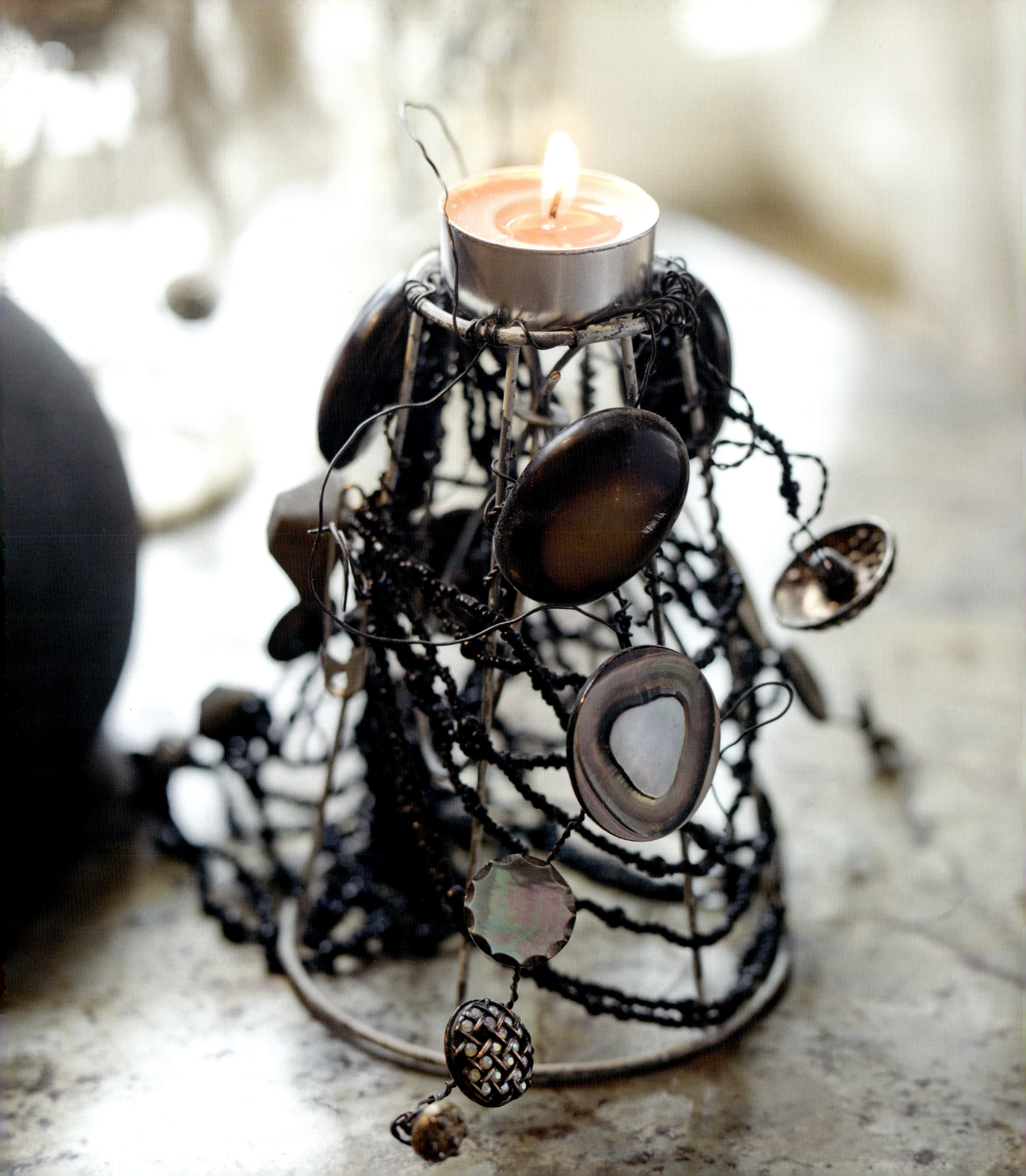

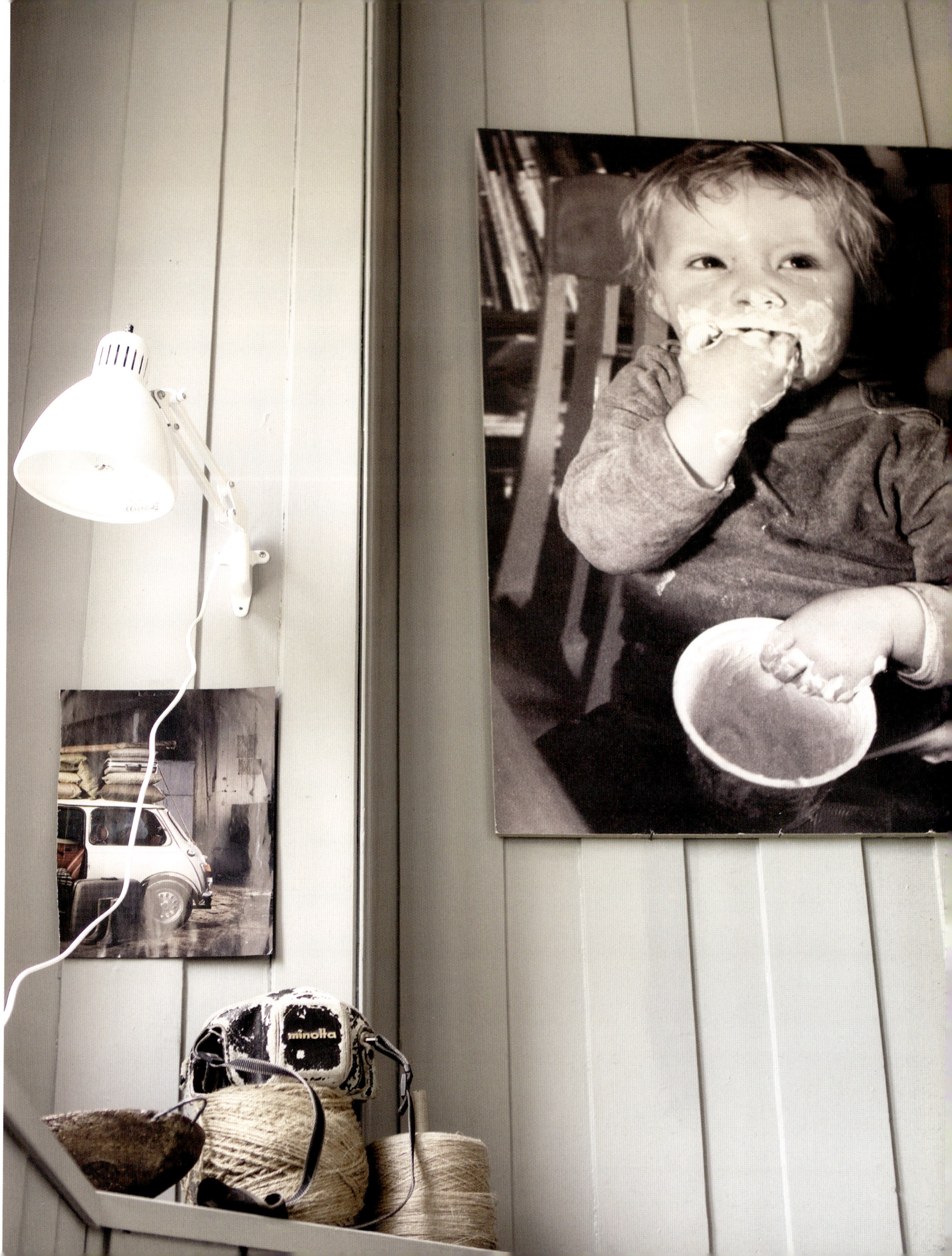
minolta

Papier

Papier hat schon etwas Magisches an sich. Da ist zum Beispiel das trockene, verheißungsvolle Rascheln beim Auswickeln einer Tafel Schokolade - Papier verbirgt etwas, auf das man sich freut, etwa ein Geschenk, einen Brief oder etwas Leckeres zum Essen. Papier kann die unterschiedlichsten Strukturen haben, vom glatten blütenweißen Schreibpapier bis hin zum rauesten, handgeschöpften Bütten.

Ich erinnere mich gern daran, wie Urgroßmutter an jedem Weihnachtsfest mit ihren zarten Händen vorsichtig das schönste Geschenkpapier glatt strich und zusammenfaltete. Und dann waren da die Carepakete aus Amerika in grobem braunen Packpapier mit fremden Briefmarken und Stempeln und die mit Bindfaden verschnürten Bündel von alten in schnörkeliger Handschrift geschriebenen Briefen ...

Papier kann man auf verschiedene Weise wiederverwerten. Besonders für junge Designer hat recyceltes Papier inzwischen große Bedeutung. Man kann es beispielsweise zu Möbeln verarbeiten, zu Lampen aus Eierkartons, Wiegen aus Presspappe und Stühlen und Tischen aus Wellpappe.

Natürlich

Heidi und Vidar wohnen zusammen mit ihren Söhnen Elias und David in einem dreigeschossigen Reihenhaus in einem Osloer Stadtteil. Es sind kleine Räume, doch der Platz ist gut genutzt. Vom Flur aus gelangt man direkt in die Küche und die Küche führt direkt in den nach hinten hinaus gelegenen Garten. Das Wohnzimmer befindet sich im größten Raum des Hauses im ersten Stock. Überall im Haus verteilt trifft man auf Heidis Stillleben aus rostigen Nägeln, alten Kleiderbügeln oder Garnrollen. Heidis verspielte Seite harmoniert wunderbar mit der funktionellen Einrichtung. Ein schlichtes, aus zwei Schrubberköpfen gefertigtes Kreuz ist zugleich Lebenssymbol und Ausdruck für die Schönheit alltäglicher Gegenstände.

Es sind genau diese naturbezogenen Elemente, die hier den größten Eindruck hinterlassen – zum Beispiel ein aus alten Planken zusammengezimmertes Tagesbett oder Nägel, die nur zur Zierde dienen. Heidis Vater hatte mit viel Liebe und Mühe alte Häuser und Gebäude renoviert. Vielleicht gab ihr das die Ehrfurcht vor alten Dingen und den Blick für neue Verwendungsmöglichkeiten.

Sie findet beim Spaziergang am Strand oder im Wald immer und überall Schätze, aus denen man etwas basteln könnte. Besonders Treibholz hat es ihr angetan. Ihre Kreationen sind einfach und stilrein. Der Ausgangspunkt ist meist ein Fundstück aus der Natur, etwa ein knorriger Ast, ein interessanter Stein oder vielleicht Bruchstücke eines Horns.

Kunstindustrimuseet i Oslo: **Bente Sætrang** mønster - mening - minner 18. januar - 14. mars 2004

"Tretten til bords i Bagdad"

NÅDE

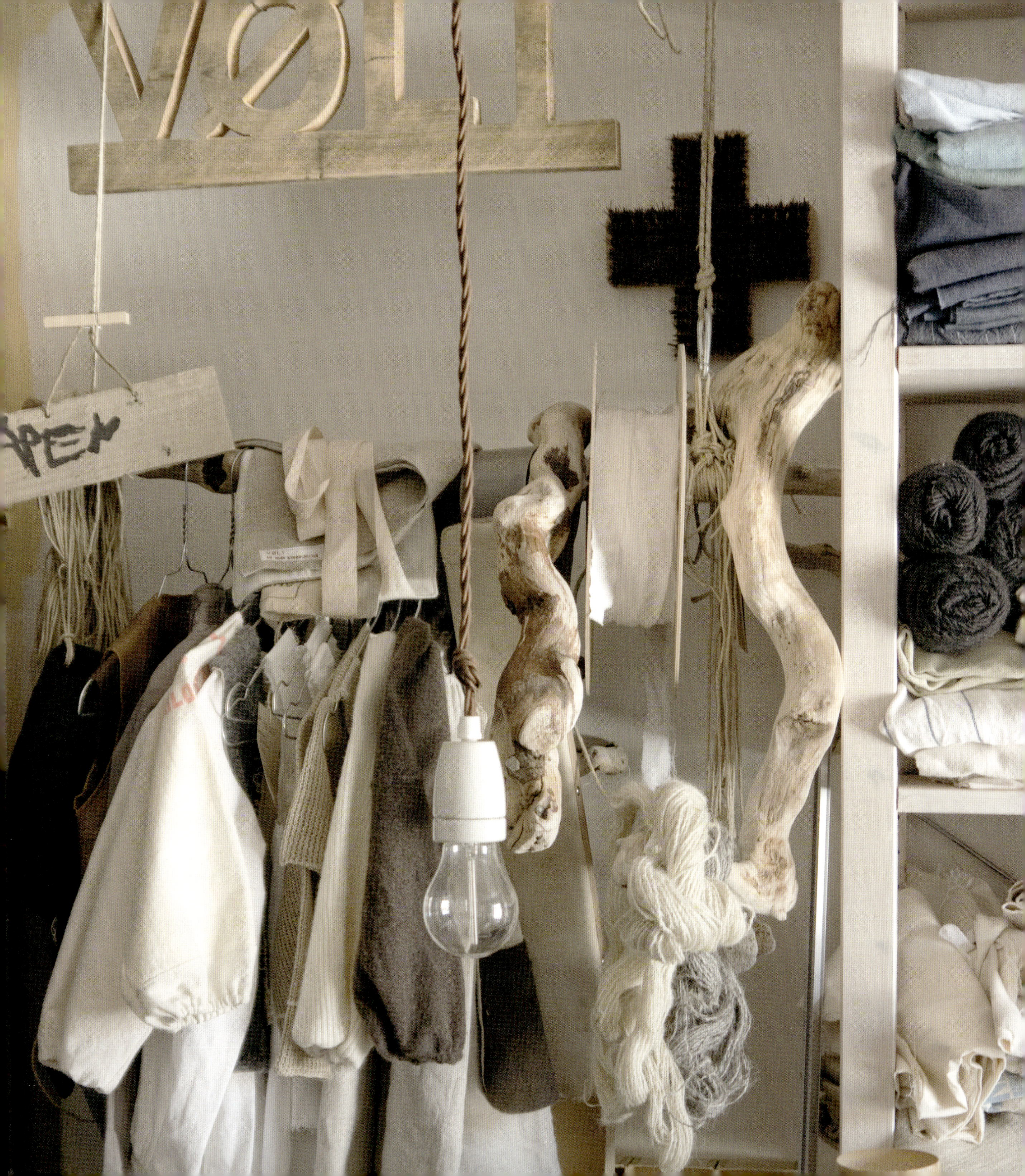

NATÜRLICH 73

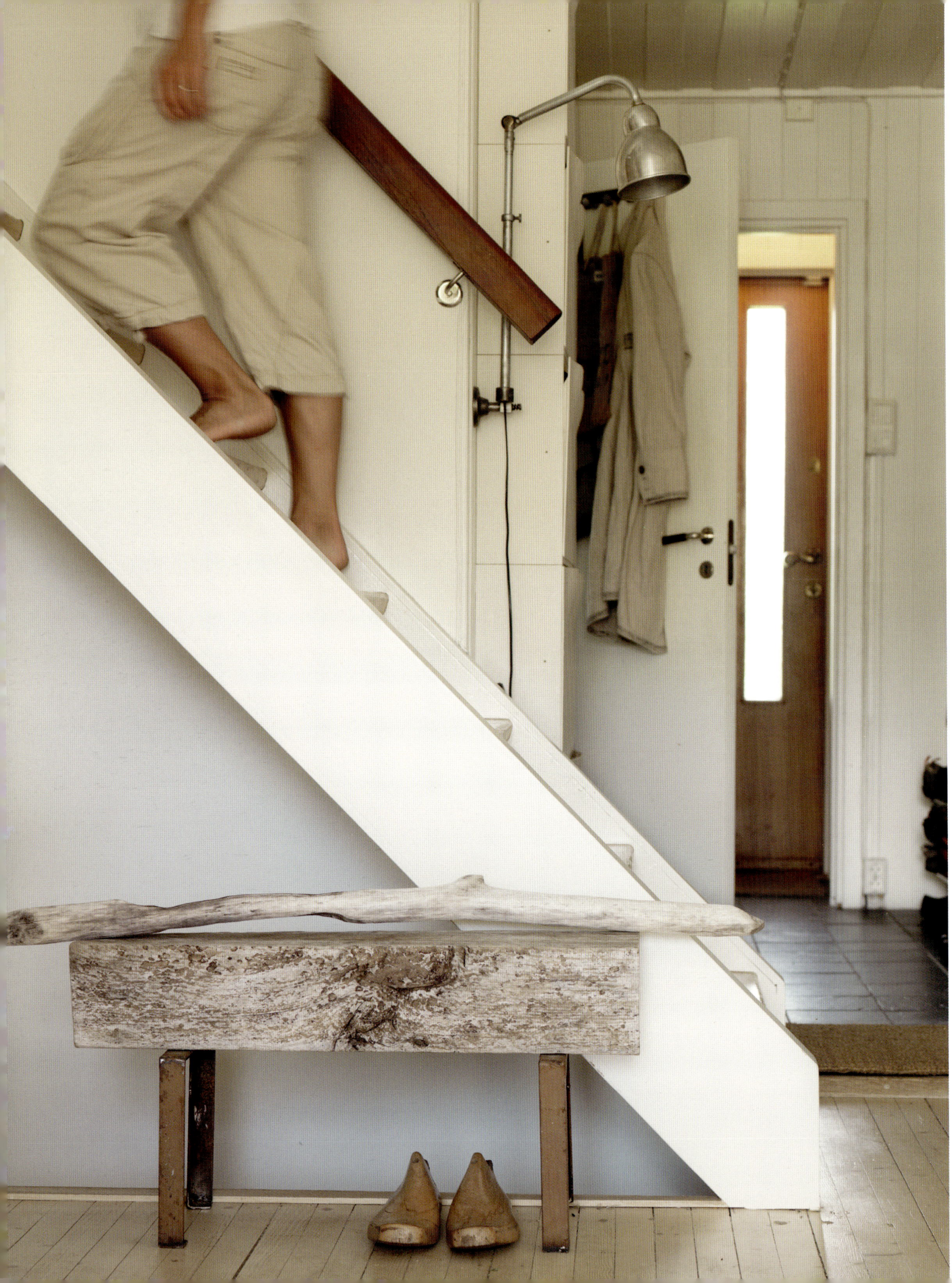

NATÜRLICH 75

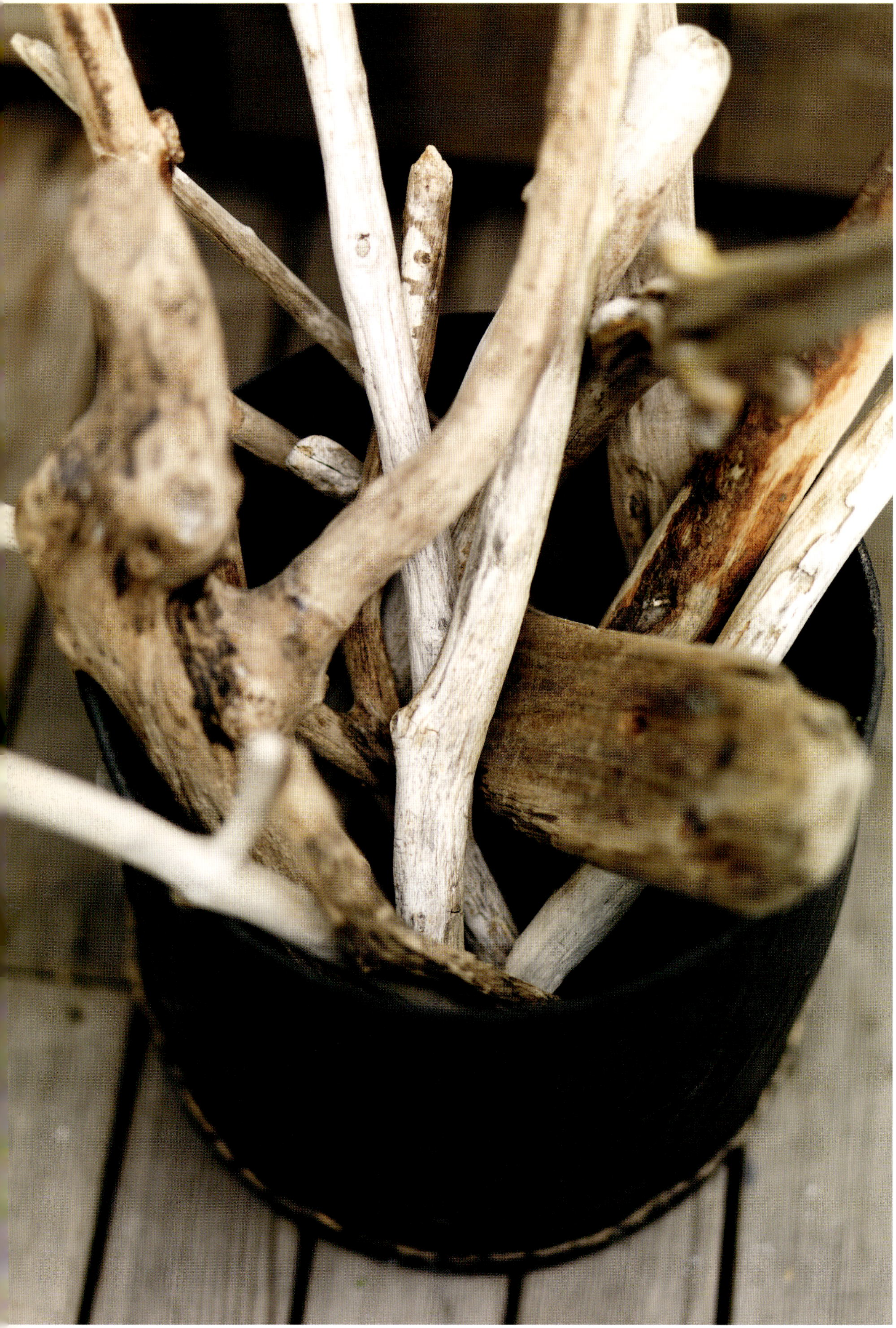

Skulpturen

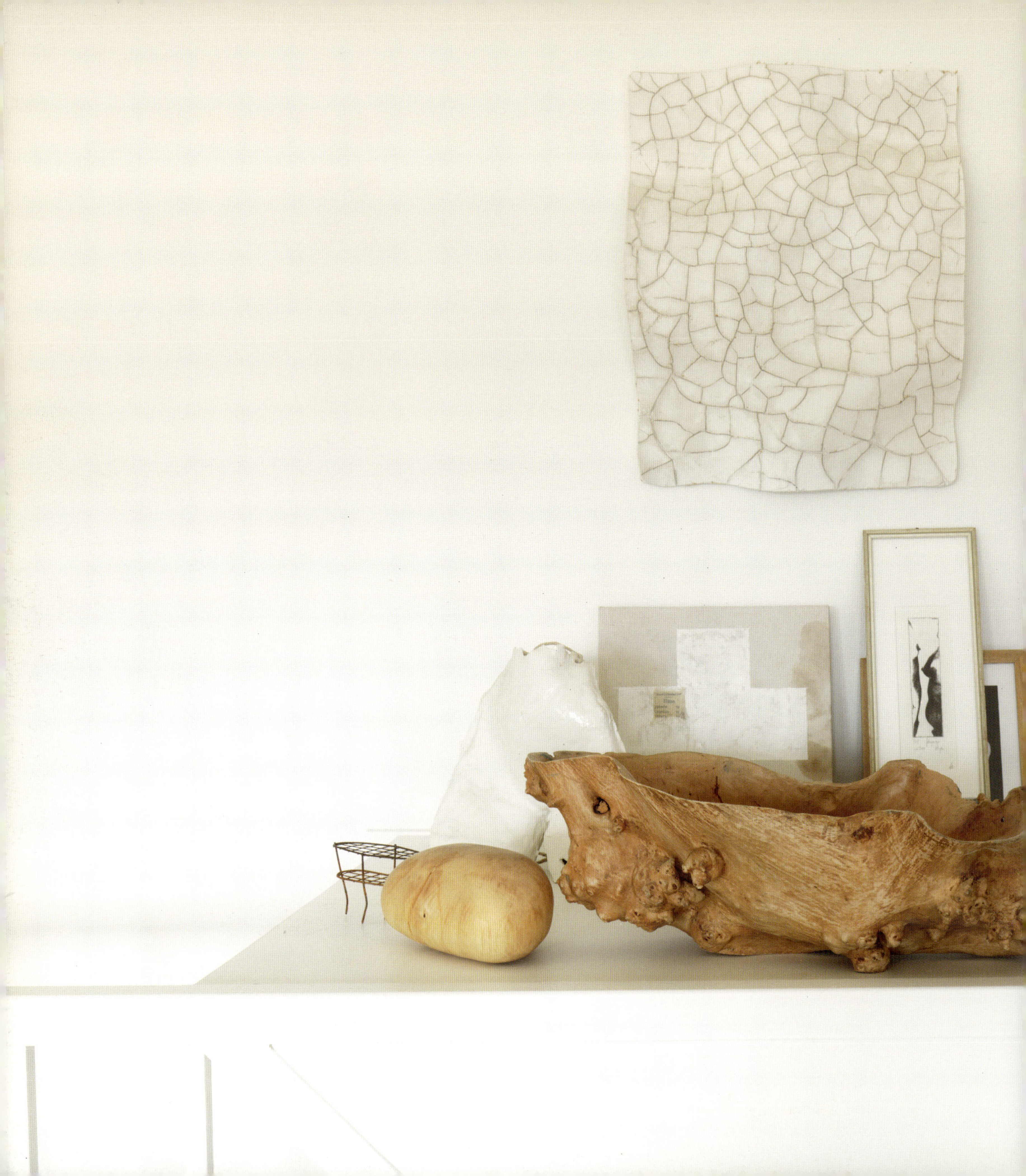

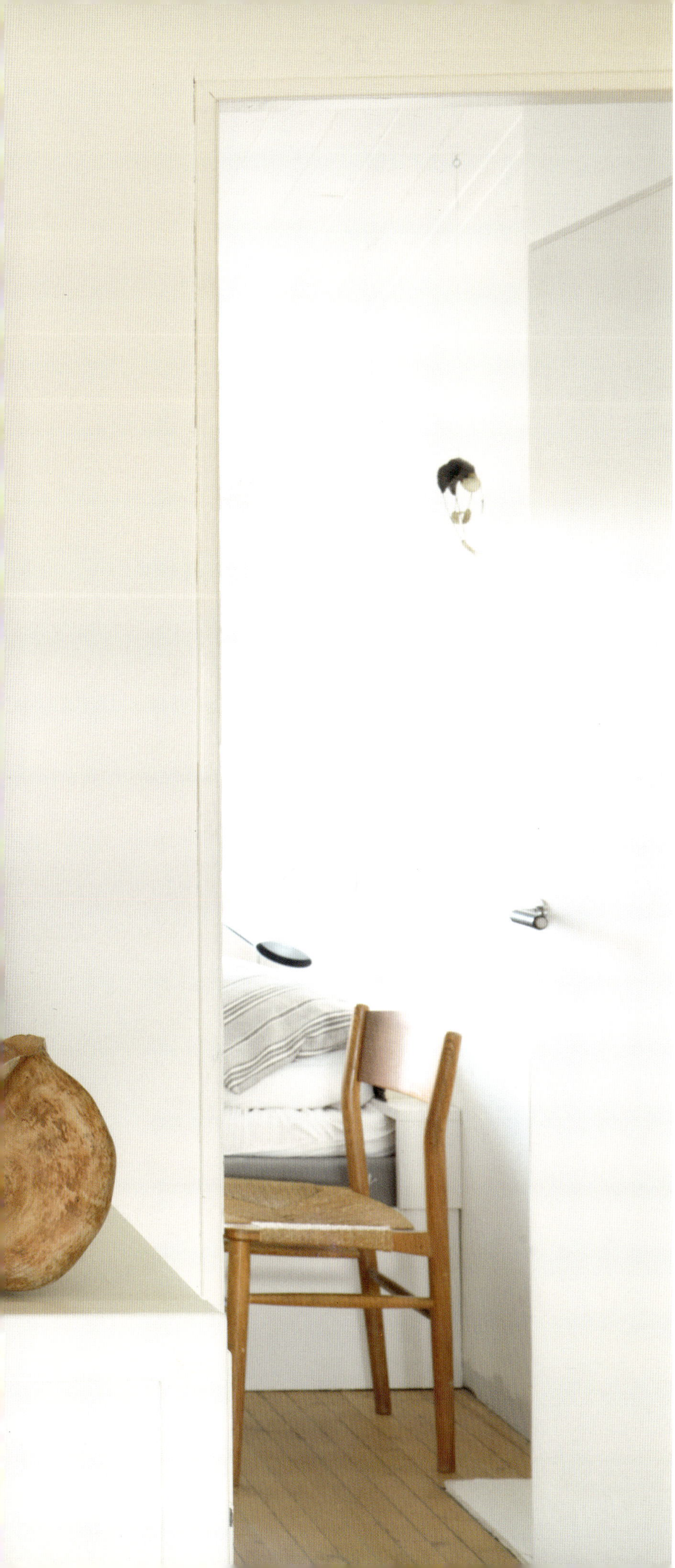
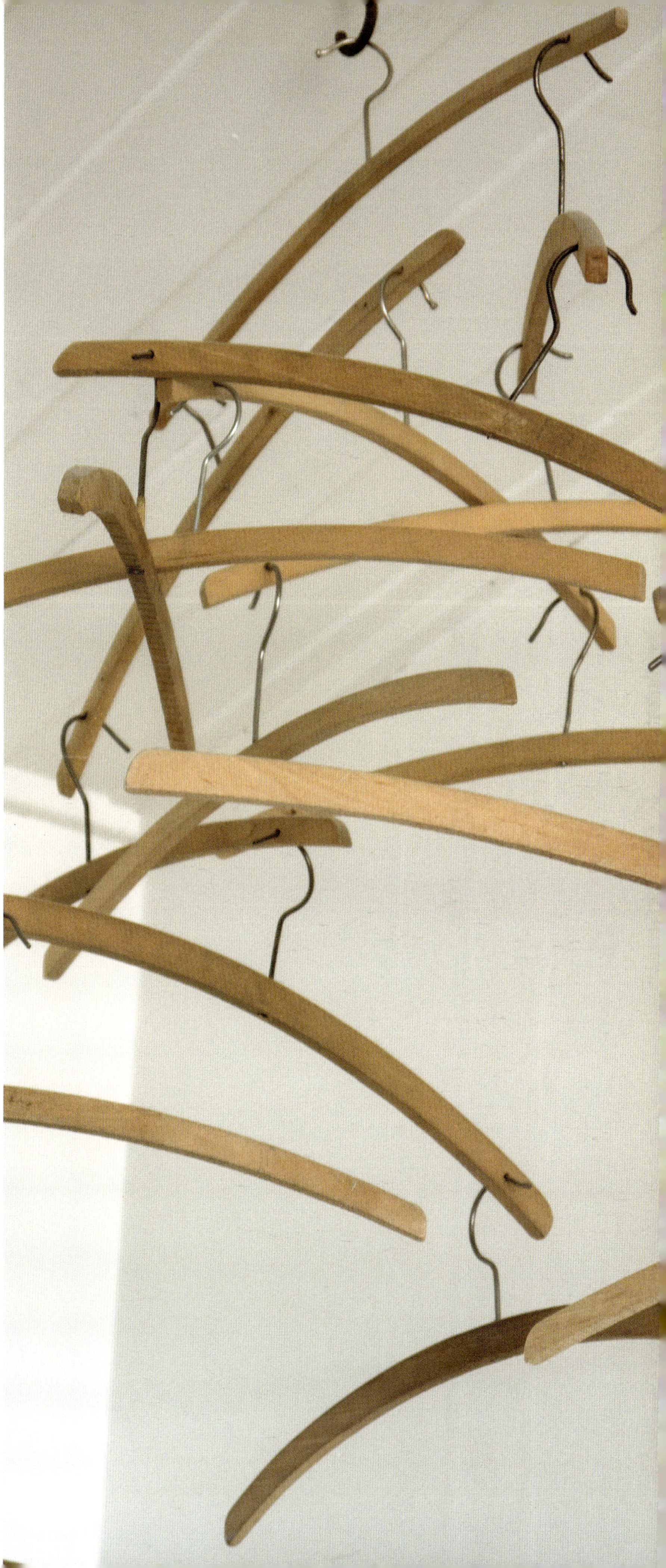

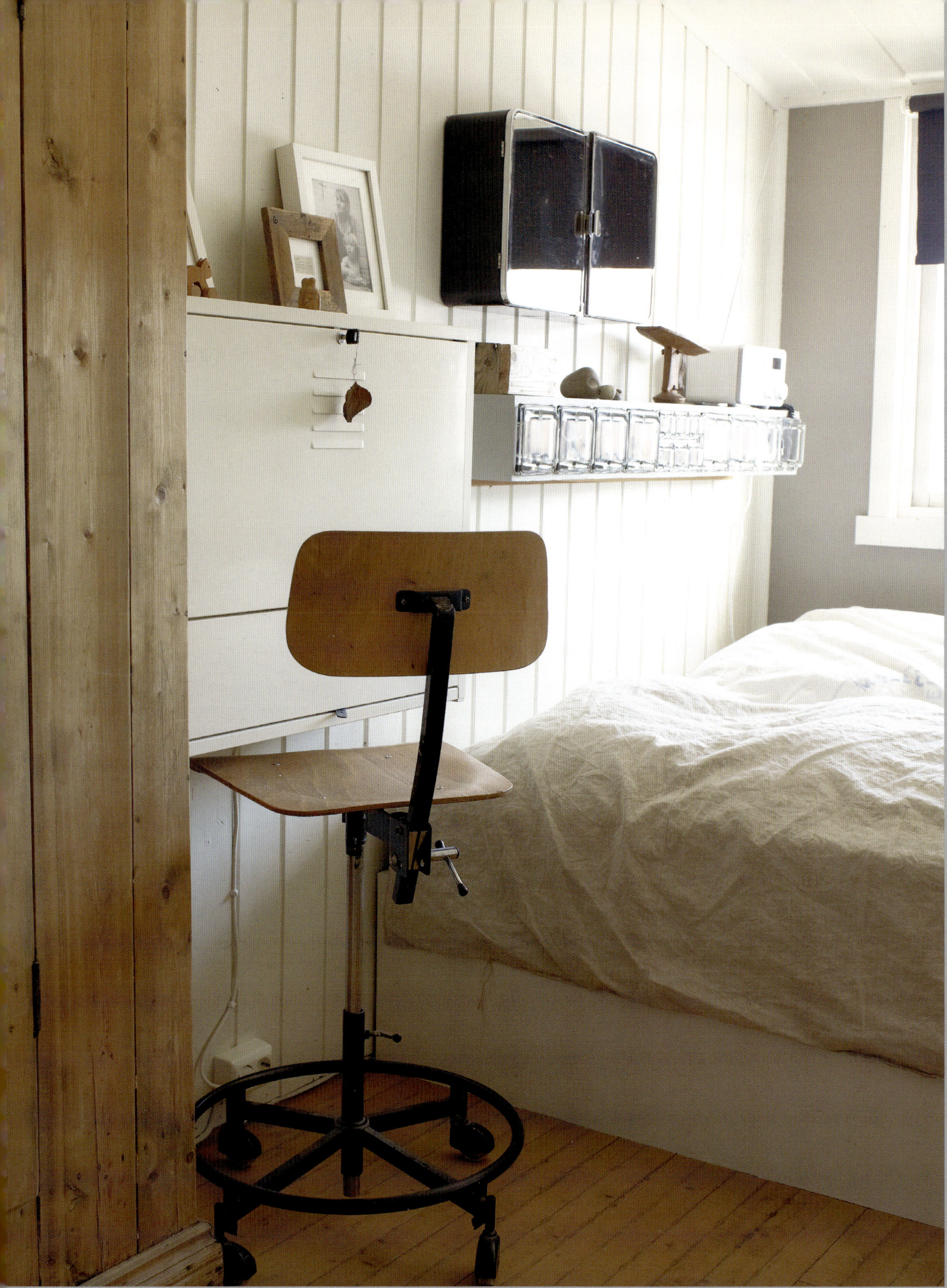

Heidi hat mehrere Jahre als Lehrerin für Kunst und Heimwerken gearbeitet. Ihre Kollektion von Kleidung und Heimtextilien kann man unter dem Namen Vølt im Internet bestellen. „Vøle" ist ein alter norwegischer Begriff für Reparieren, Aufarbeiten noch brauchbarer Dinge – also „recyceln". Aus alten Zelten werden Kissen, Autoreifen werden zu Knöpfen und alte Kaffeesäcke zu Platzsets. Wenn man ein Sammler ist wie Heidi, kann sich zu Hause schnell Allerhand ansammeln. Manchmal spricht Vidar ein Machtwort und dann ist Heidi im Stillen froh. Heute haben nur noch ganz besondere Dinge Hausrecht, wie Vidars geliebte Leuchten aus den 1930er-Jahren.

Auf der niedrigen Schrankwand liegen zwei Matratzen zum Entspannen zwischendurch und zum Übernachten für Gäste.

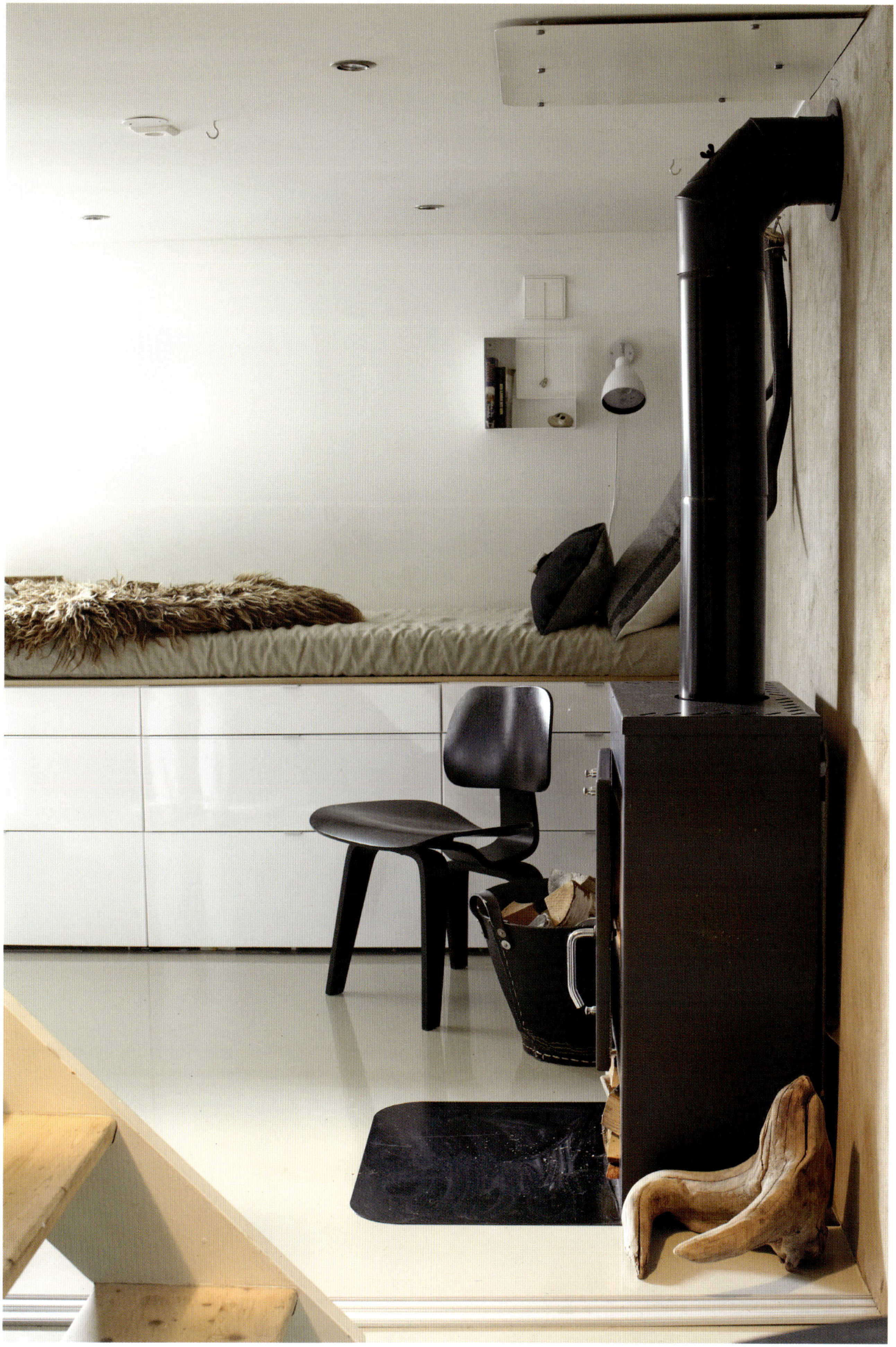

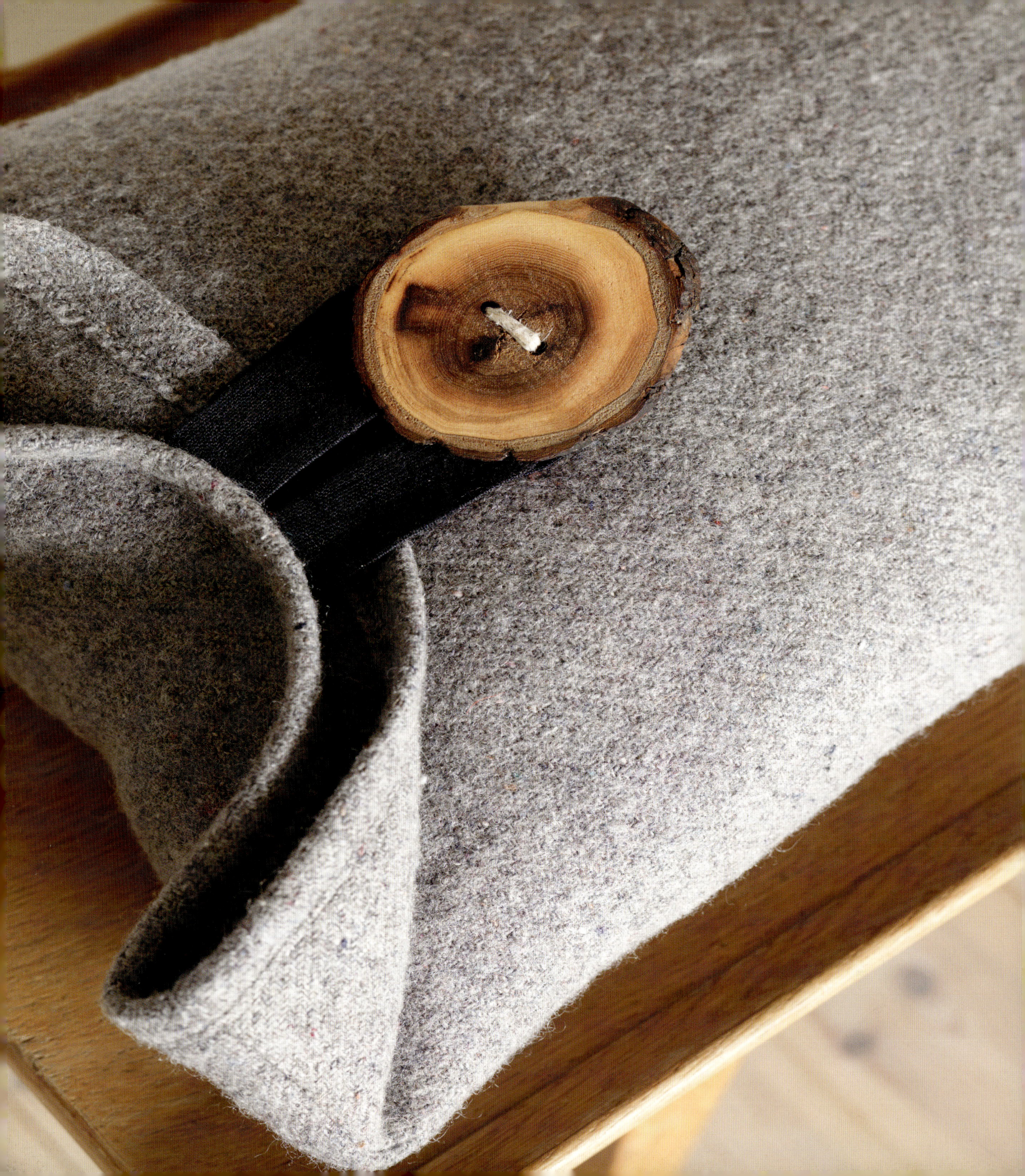

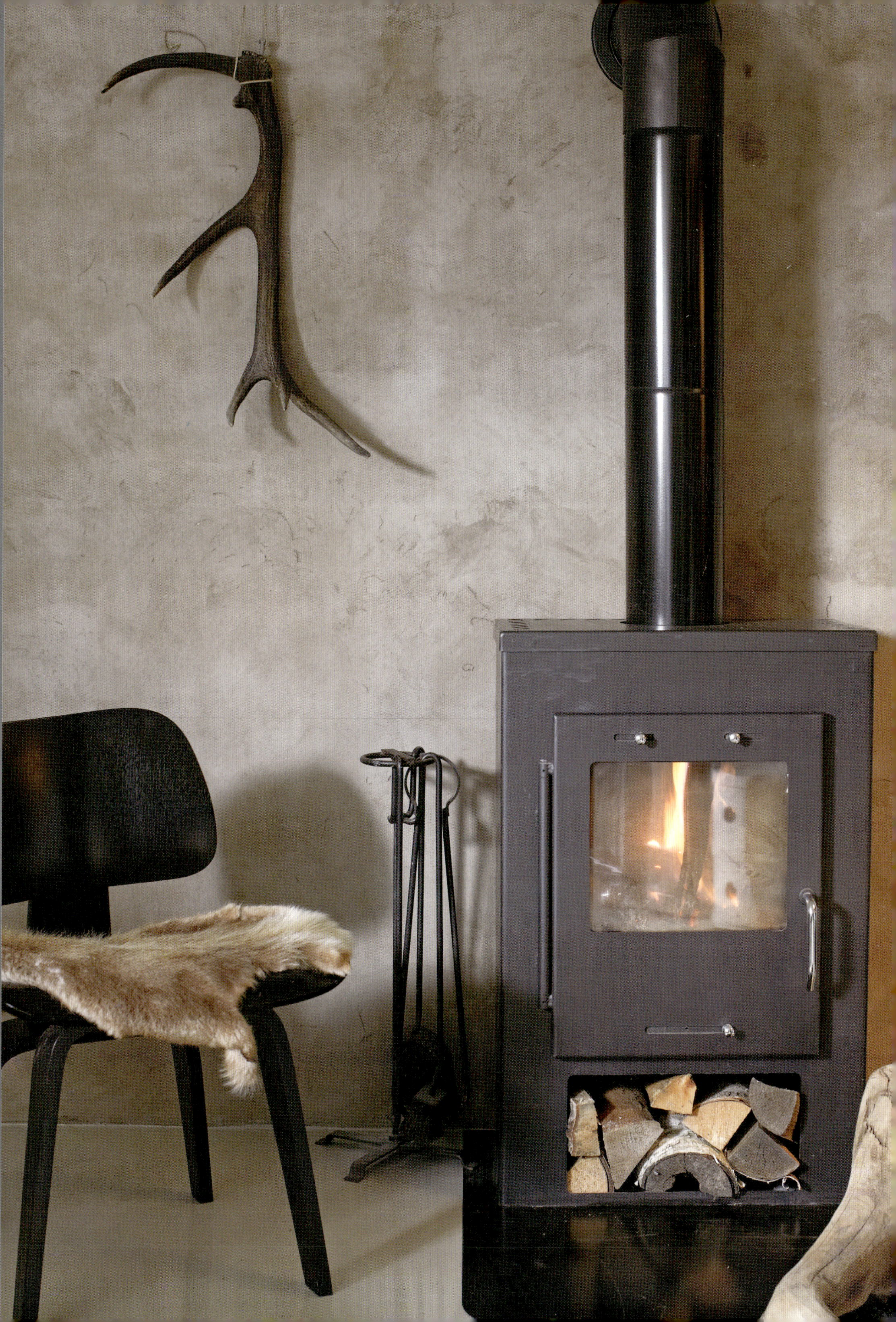

Ich umgebe mich das ganze Jahr über mit Wolle. Ich setze mich darauf, hülle mich darin ein und decke mich damit zu. Ob feine Wollpullover am Körper, Schaffelle auf der Sonnenterrasse oder gewebte und gestrickte Kissen und Decken - Wolle vermittelt Wärme und Stofflichkeit, sie ist strapazierfähig und vor allem gemütlich.

In meiner Jugend war es bei uns im Umkreis schick, wollene Unterkleidung zu tragen, denn bei uns wurde es im Winter sehr kalt. Je abgetragener und verschwitzter, desto besser und kratzen durfte es auch ruhig ein wenig. Heute ist Wolle zum Luxusartikel geworden und statt Schafwolle sind eher feine, weiche Wollqualitäten gefragt, zum Beispiel Kaschmir oder Alpaka.

Tolle Wolle

Doch norwegische Schafwolle ist ein wunderbarer Rohstoff. Etliche norwegische Designer haben sie in ihre Kleider- oder Interieurkollektionen eingebunden. Viele dieser Designer haben sich auch wieder den alten Handwerkstraditionen zugewandt.

Wolle und Strick wird inzwischen auch in der Inneneinrichtung viel verwendet. Ich finde, es gibt dem Interieur Schönheit und Natürlichkeit. Gestrickte Lampenschirme, Sitzkissen und Teppiche, ja, sogar Uhren im Handstrick-Look, aus möglichst unbehandelter Wolle – ein Blick zurück und nach vorn zugleich!

Nordisch

Diese Einrichtung ist geprägt von weißen Flächen und klaren Linien. Anne Cathrine und Frank kauften das Haus aus den 1970er-Jahren erst kürzlich und mussten es erst einmal von Grund auf renovieren. Dach, Boden und Fenster wurden komplett ausgewechselt. Die Wand zwischen Küche und Wohnzimmer wurde entfernt, sodass der große, luftige Raum nun L-förmig verläuft. Von dort aus geht es in 3 Schlafzimmer und ins Bad. Hinter einer halbhohen Wand führt eine Treppe ins Kellergeschoss.

Die Sonnenterrasse verläuft entlang einer Längsseite des Hauses auf Fußbodenniveau. Wenn die großen Glastüren an warmen Sommertagen aufgeschoben werden, verschwimmen die Grenzen zwischen drinnen und draußen.

Vor den Fenstern hängen maßgefertigte weiße Senkrecht-Jalousien, die das hereinfallende Tageslicht dämpfen und an heißen Tagen für Kühlung sorgen. Die Wand hinter dem Sofa besteht aus unbehandeltem Zement – ein schöner Kontrast zur Einrichtung, in der Weiß und unbehandeltes Holz dominieren.

Der große Esstisch aus Eiche ist der Familie bereits überallhin gefolgt, er kann inzwischen viele Geschichten erzählen. Durch die modernen Flow-Stühle von Jean Marie Massaud wirkt er hier wieder einmal anders. Die L-förmig verlaufende, ganz in Weiß gehaltene Küche trennt den Küchenbereich optisch vom Essbereich. Hängeschränke an der gegenüberliegenden Wand dienen als Anrichte.

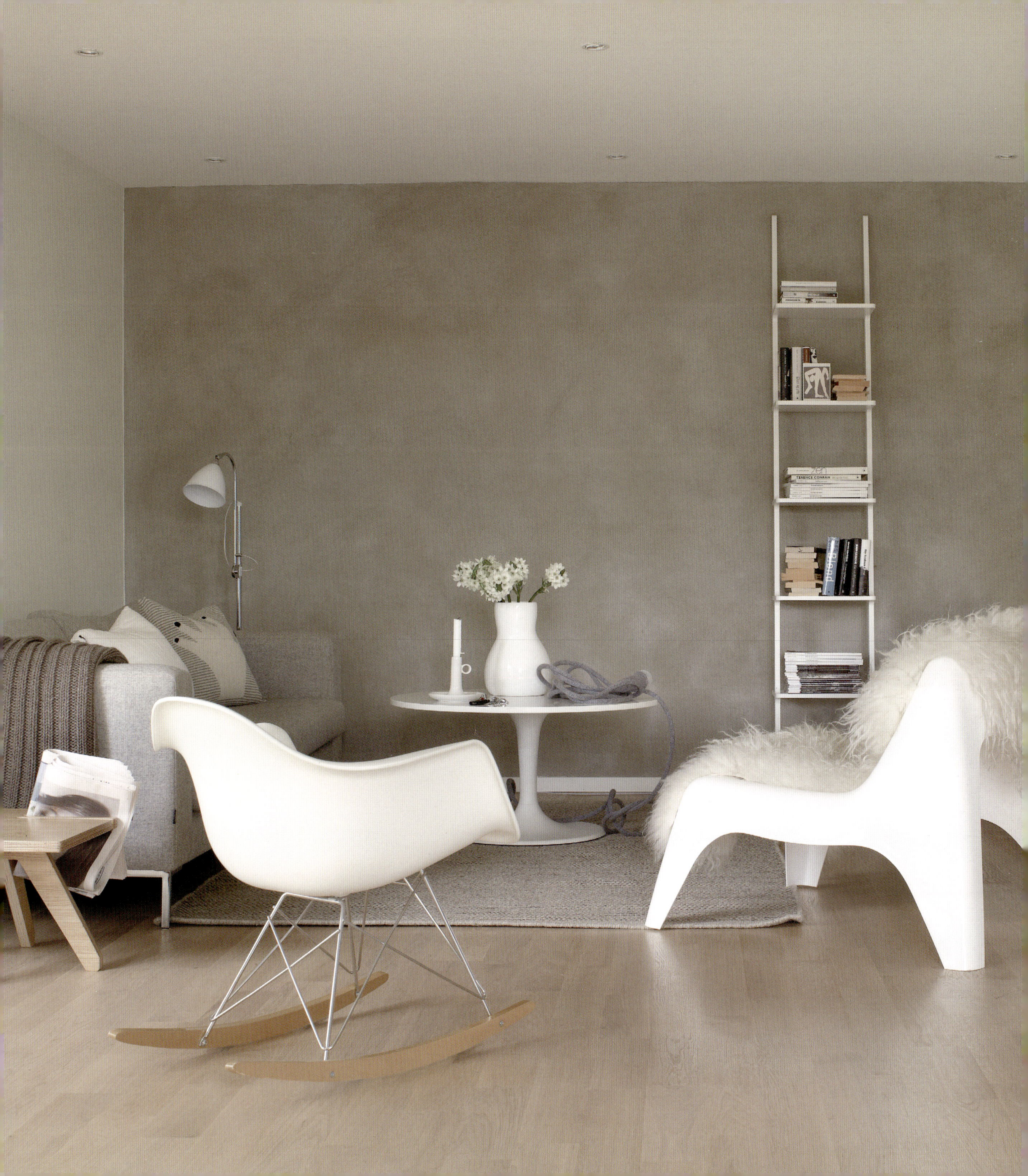

Kissen mit sechs Fingern

90 NATÜRLICH NORDISCH

CARL FRODE TILLER Innsirkling 2
ANN SYRÉHN TOMAŠEVIC Glass og aske
GAUTE HEIVOLL
JOYCE CAROL OATES Blond
Roy Jacobsen Frost
JOHN GRISHAM En uskyldig mann
OU BAHOLYODHIN zen interiør hage mat
TERENCE CONRAN det gode livet

Es hängen noch nicht viele Bilder an den frisch renovierten Wänden, denn Anne Cathrine und Frank möchten sich erst noch ein wenig mit der neuen Umgebung vertraut machen – und vor allem die großen, freien Flächen genießen. Momentan stehen hier und da ein paar Bilder und Fotografien an die Stelle gelehnt, an der sie vielleicht einmal hängen werden. Im Schlafzimmer hängen Anne Cathrines Lieblingskleider dekorativ an einer Holzperlen-Leine.

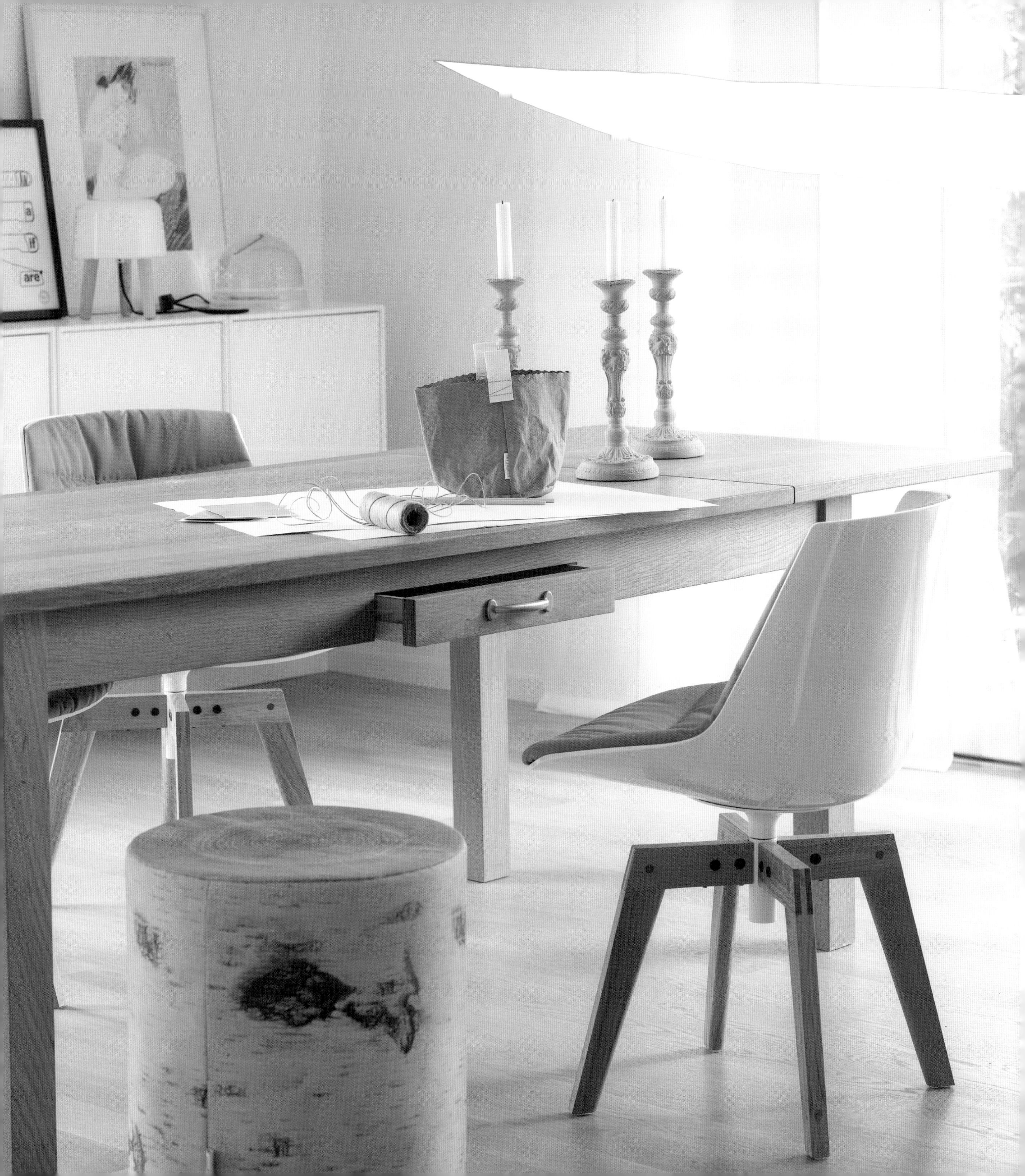
a
if
are

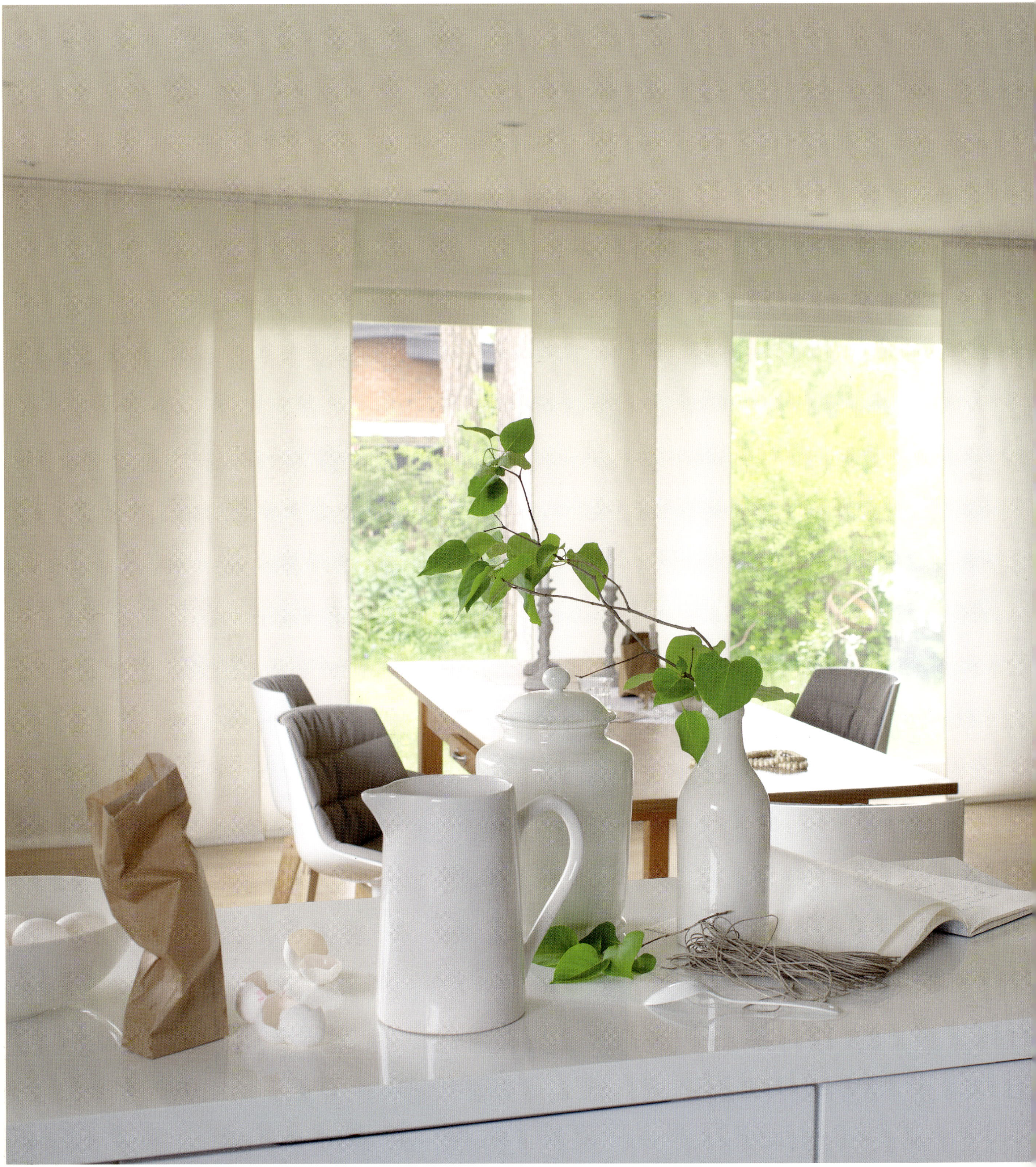

Jalousien als Gardinen

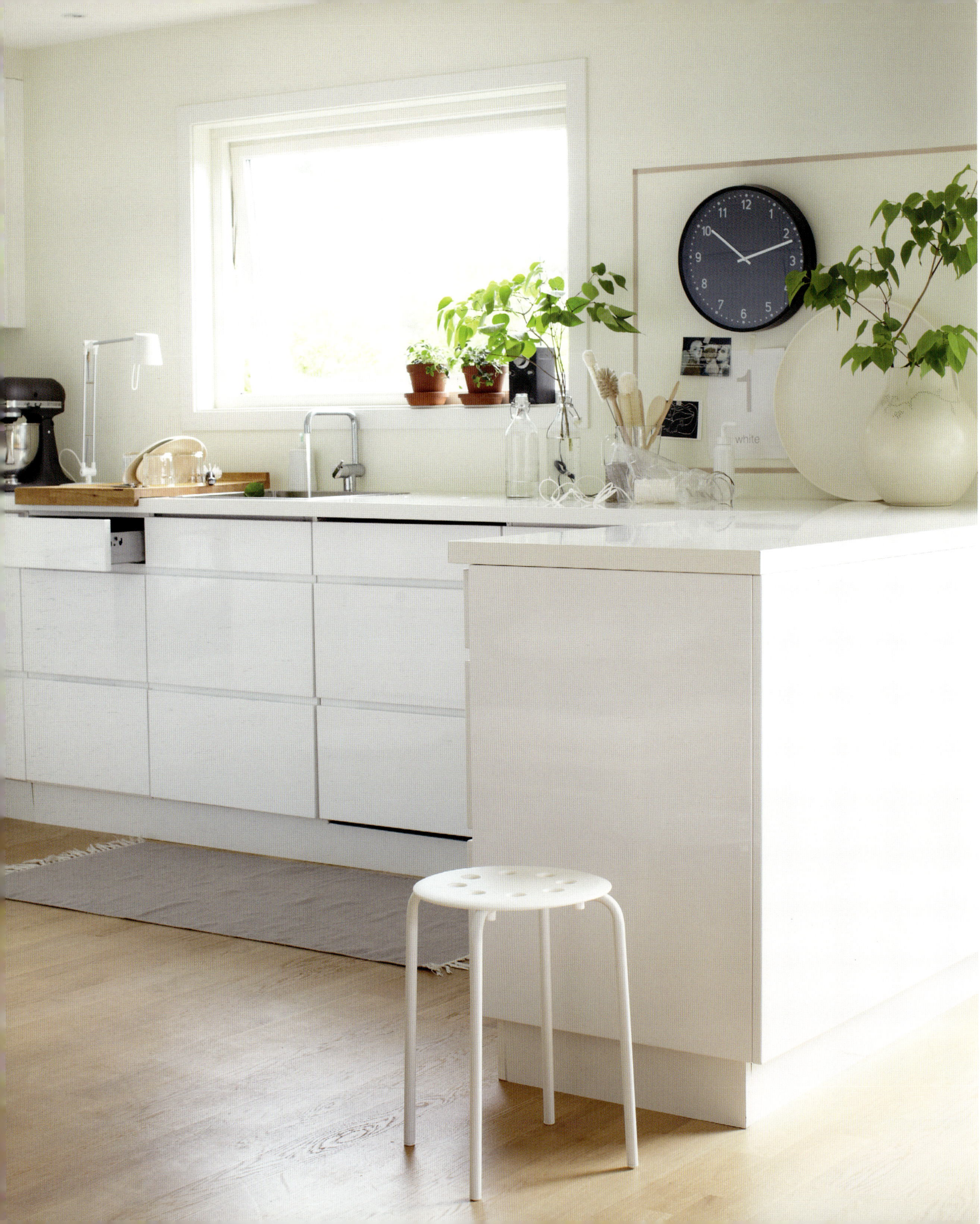
1
white

1
white

NATÜRLICH NORDISCH

NORDISCH 99

Eine weiße Welt

Trude ist leitende Interieurdesignerin bei Ikea. Sie lebt mit ihrem Mann Hans Christian und den Kindern Jacob und Emma in einem weißen, perfekt durchstrukturierten Haus, in dem genau das gelebt wird, was sie im Job predigt. Ikeas clevere Aufbewahrungslösungen sind hier alle wiederzufinden – alle Gegenstände, von denen es mehr als ein Exemplar gibt, haben ihren festen Platz in funktionalen und dekorativen Schränken, Schubladen, Kisten und Körben. Trude hält nichts von unnützen Dingen. Alles, was in den offenen Küchenregalen steht, ist regelmäßig in Gebrauch, wenn es sich auch an seinem angestammten Platz sehr dekorativ macht. Auch hier bestätigen Ausnahmen die Regel, wie die zwei Porzellanpferde und die Lochmuster-Vase von Hella Jongelius beweisen. Doch damit ist es dann auch schon wieder genug.

Trude empfindet diese weiße Welt als entspannend. „Doch der Begriff Weiß umfasst viele Farben", sagt sie. „Stell dir ein weißes Lammfell vor oder Schlagsahne. Grobes Meersalz oder Birkenstämme. All das hat eine unterschiedliche Struktur und eine andere Licht- und Schattenwirkung. Darin liegt die Schönheit." Und das Haus der Familie ist der beste Beweis dafür, dass Weiß nicht gleich Weiß ist. Hier und da wird das reine Weiß auch einmal von Naturholztönen unterbrochen – durch das Eichenholzparkett, durch die „August"-Bank aus Fichtenholz und die Paol Kjærholm-Stühle aus Rattangeflecht. Zuweilen schleicht sich fast unbemerkt etwas Grau in die Einrichtung ein: Im Wohnbereich steht ein Egg-Chair von Arne Jacobson, das Badezimmer ist grau gefliest und auf dem Sofa liegen Kissen mit riesigen Druckbuchstaben.

Das maßgefertigte Pinnbrett in Trudes kleinem Büro im Kellergeschoss ist voller Zeitungsausschnitte, Kinderzeichnungen Skizzen und Zitate – eine ständig sprudelnde Inspirationsquelle.

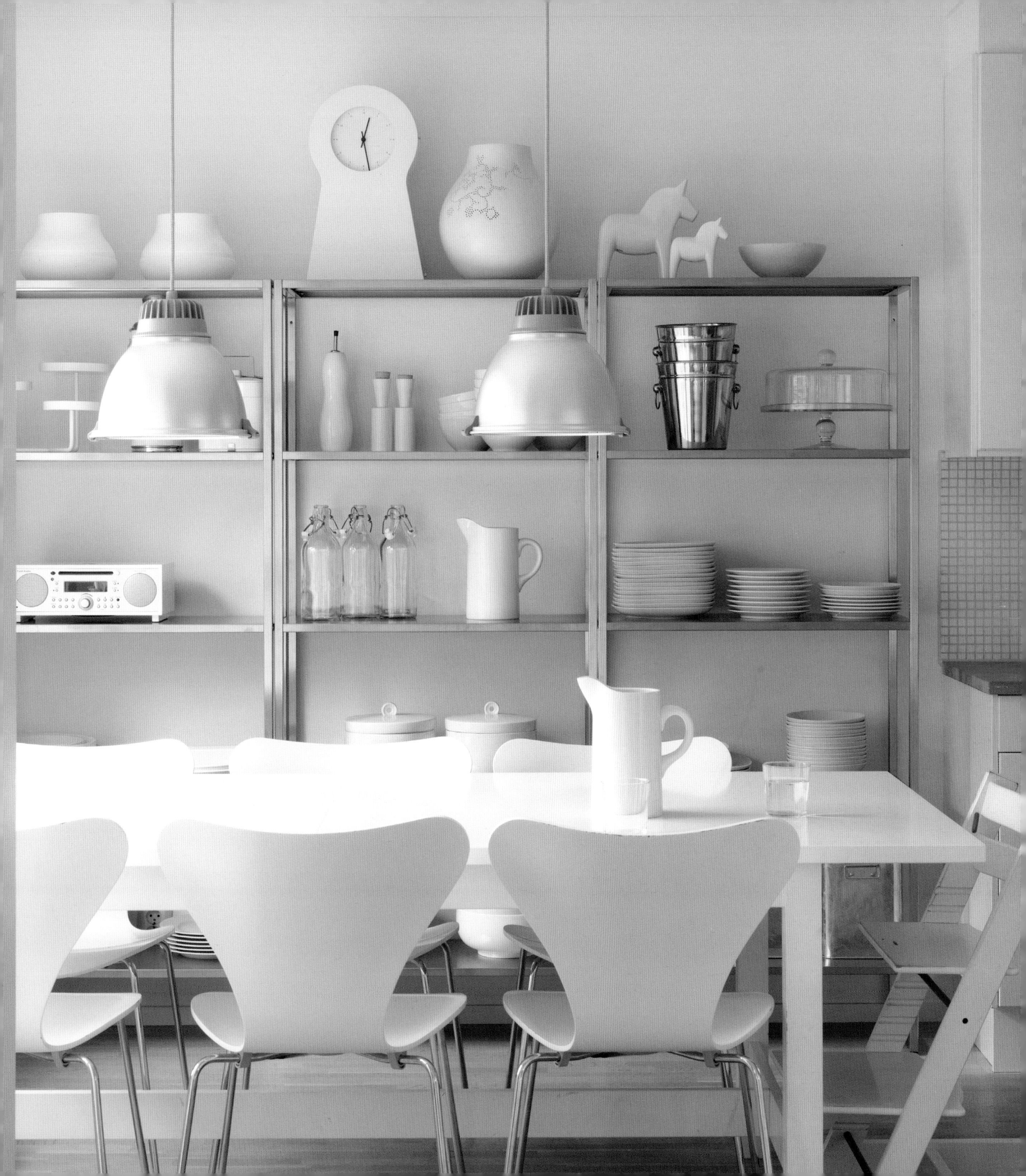

The living space is never unfinished or finished.
It lives with those who live within.

The living space is never
unfinished or finished.
It lives with those who live within.

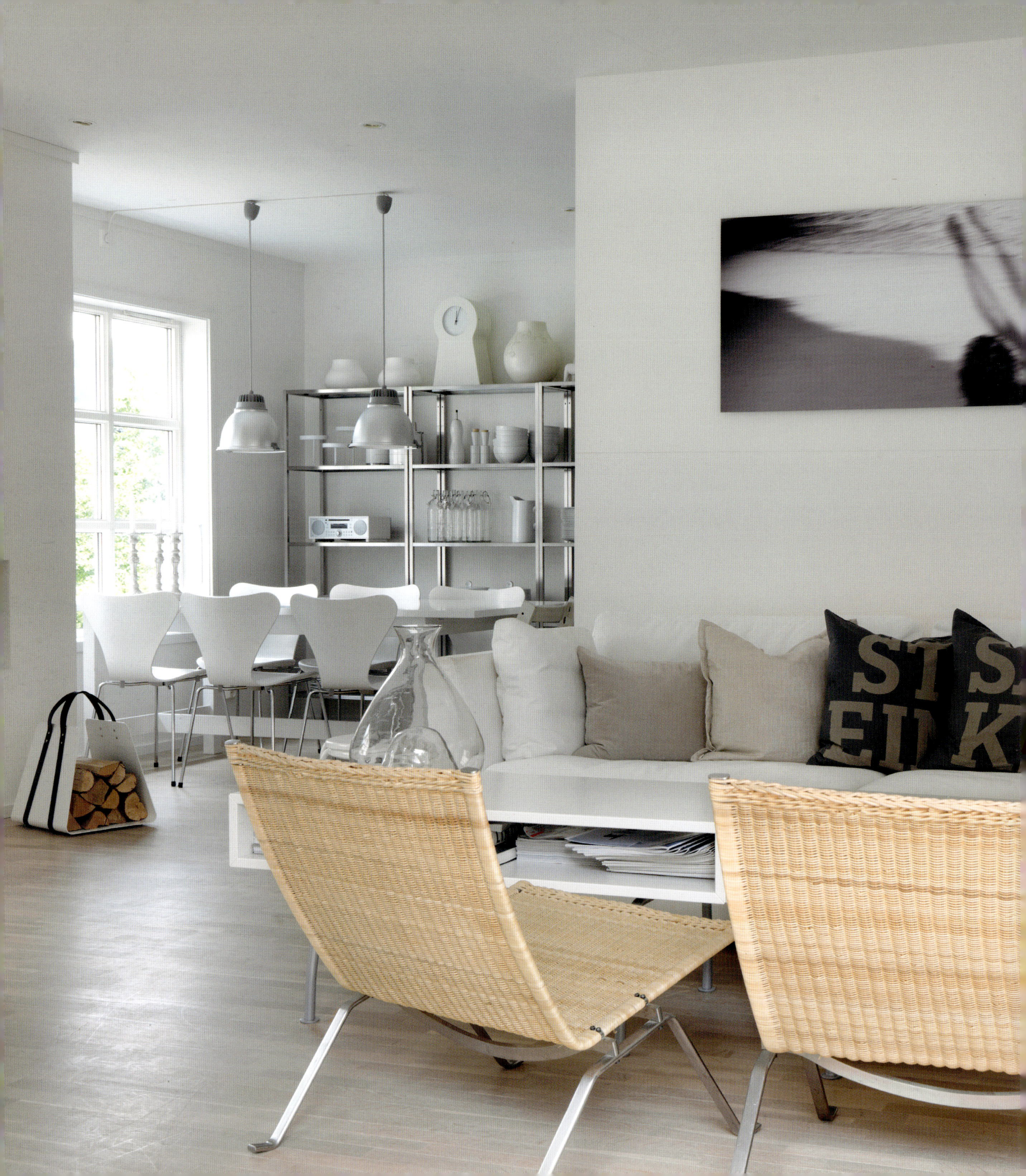

Stein, Schere, Papier

EINE WEISSE WELT 105

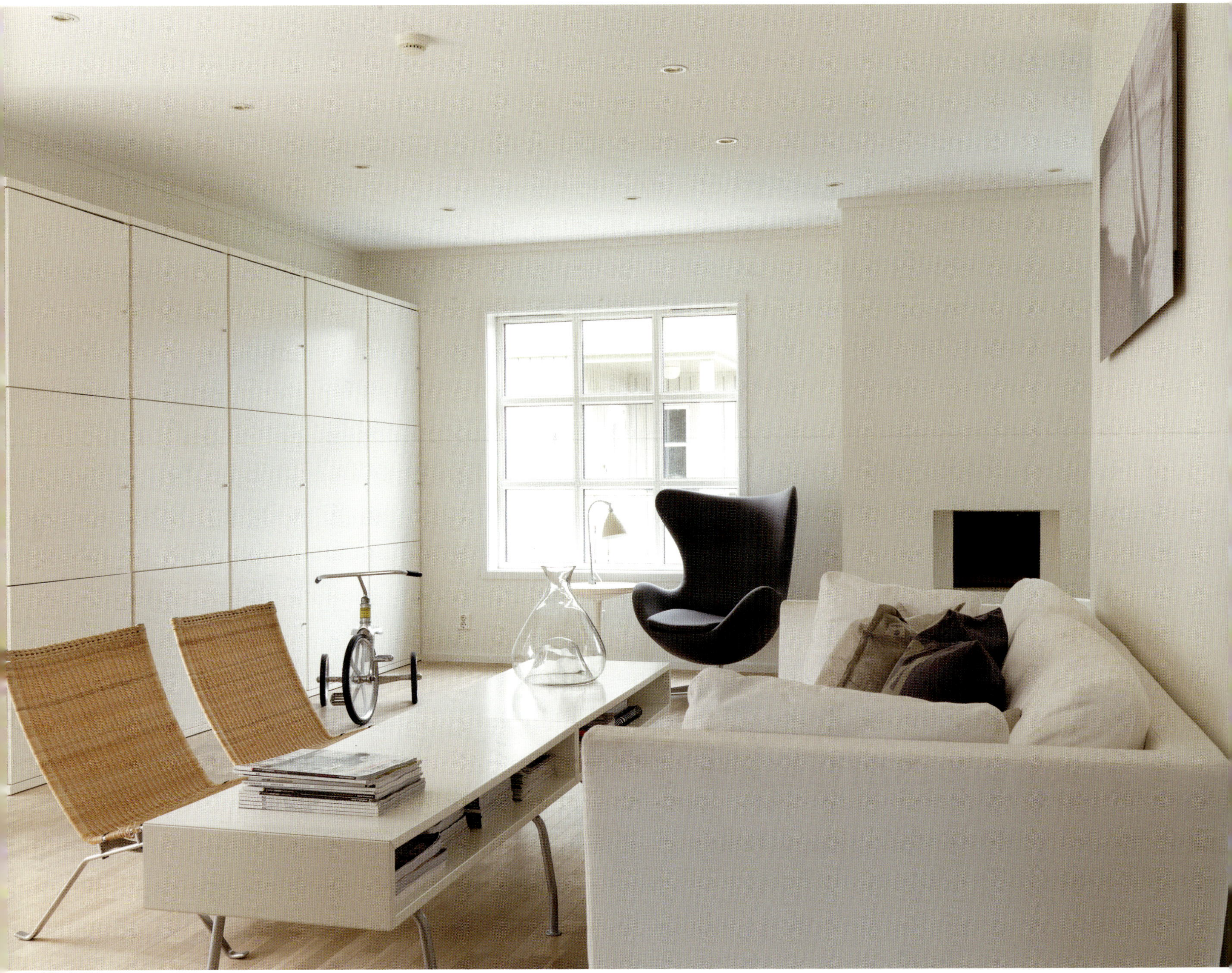

Eine weiße Wand aus Schranktüren

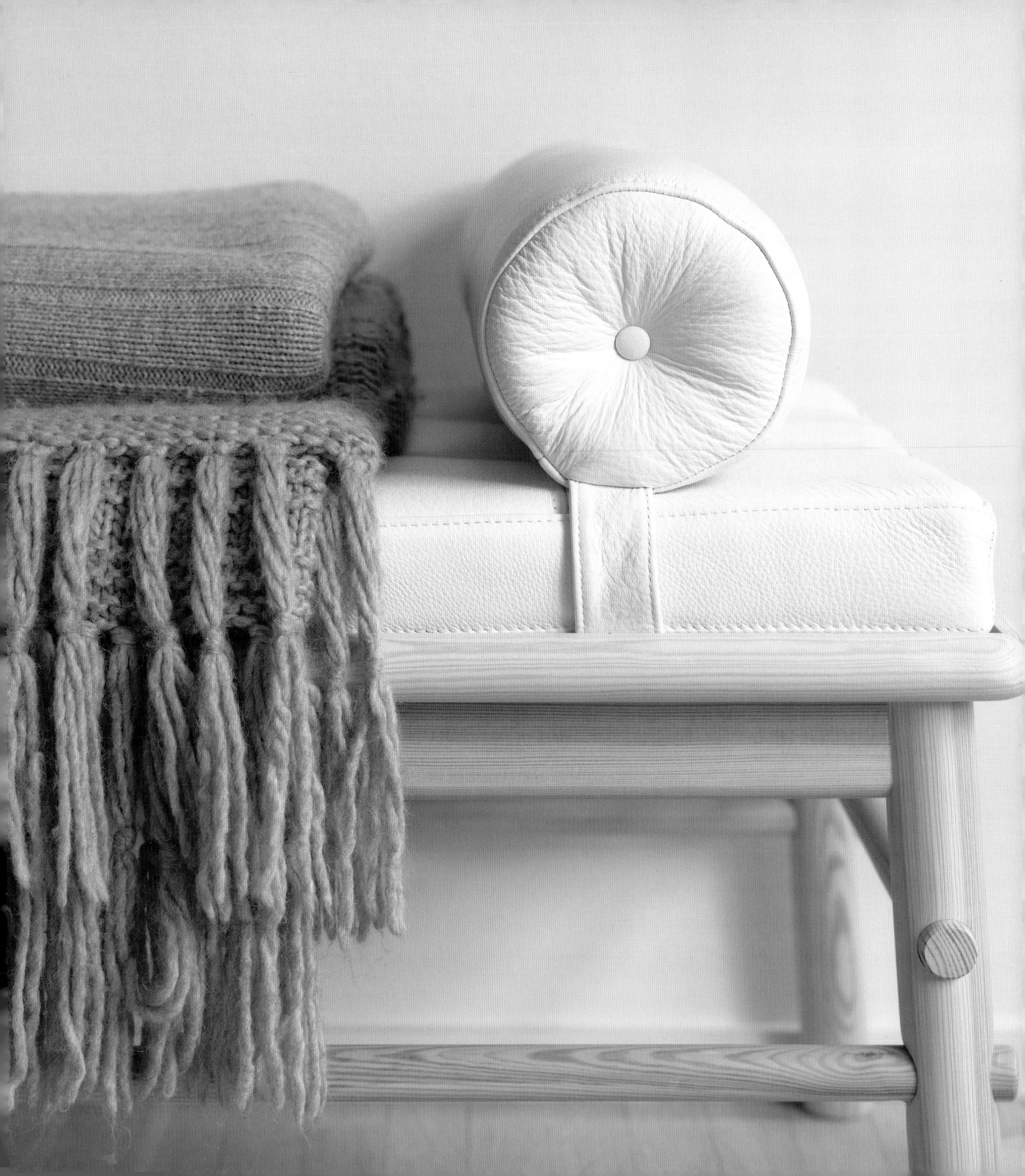

HOME

Trude hat sich zwar im Laufe der Jahre das Beste herausgepickt, das der schwedische Möbelgigant zu bieten hat, aber in diesem Haus ist nicht alles von Ikea. Außerdem wird die Mehrheit der Ikea-Möbel längst nicht mehr hergestellt, wodurch sie schon wieder einzigartig sind und vielleicht sogar einmal zum Sammlerstück avancieren.

Nüchterne Symmetrie

Emmas Kaninchensammlung

EINE WEISSE WELT 113

JACOB
7 ÅR

Jacob mag Tiere auch gern

white space makes me happy

ITALIENSK DESIGN 1945-2000

The simplest things give me the best ideas

Joan Miro

Emma -09

KEEP
CALM
AND
CARRY
ON

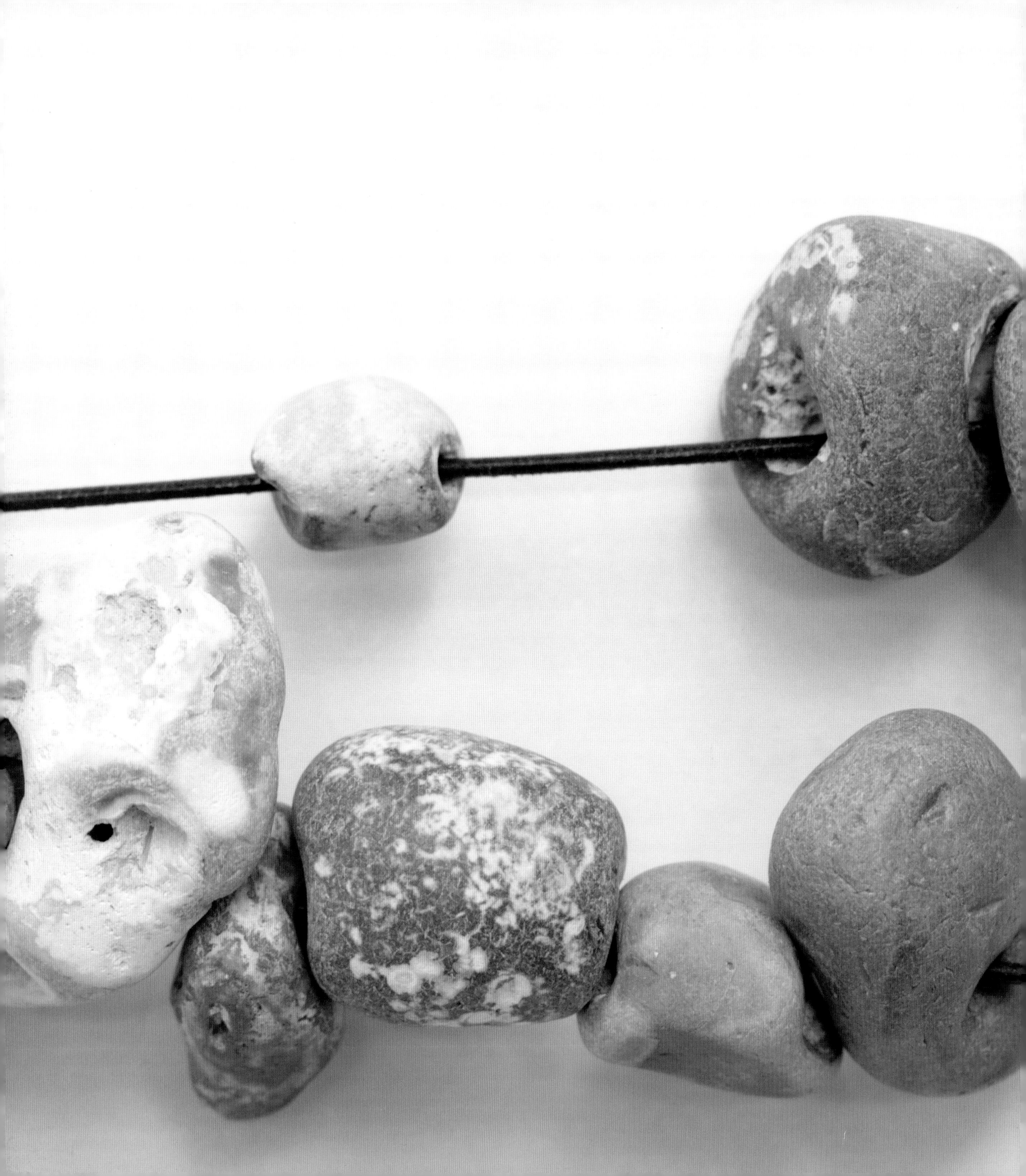

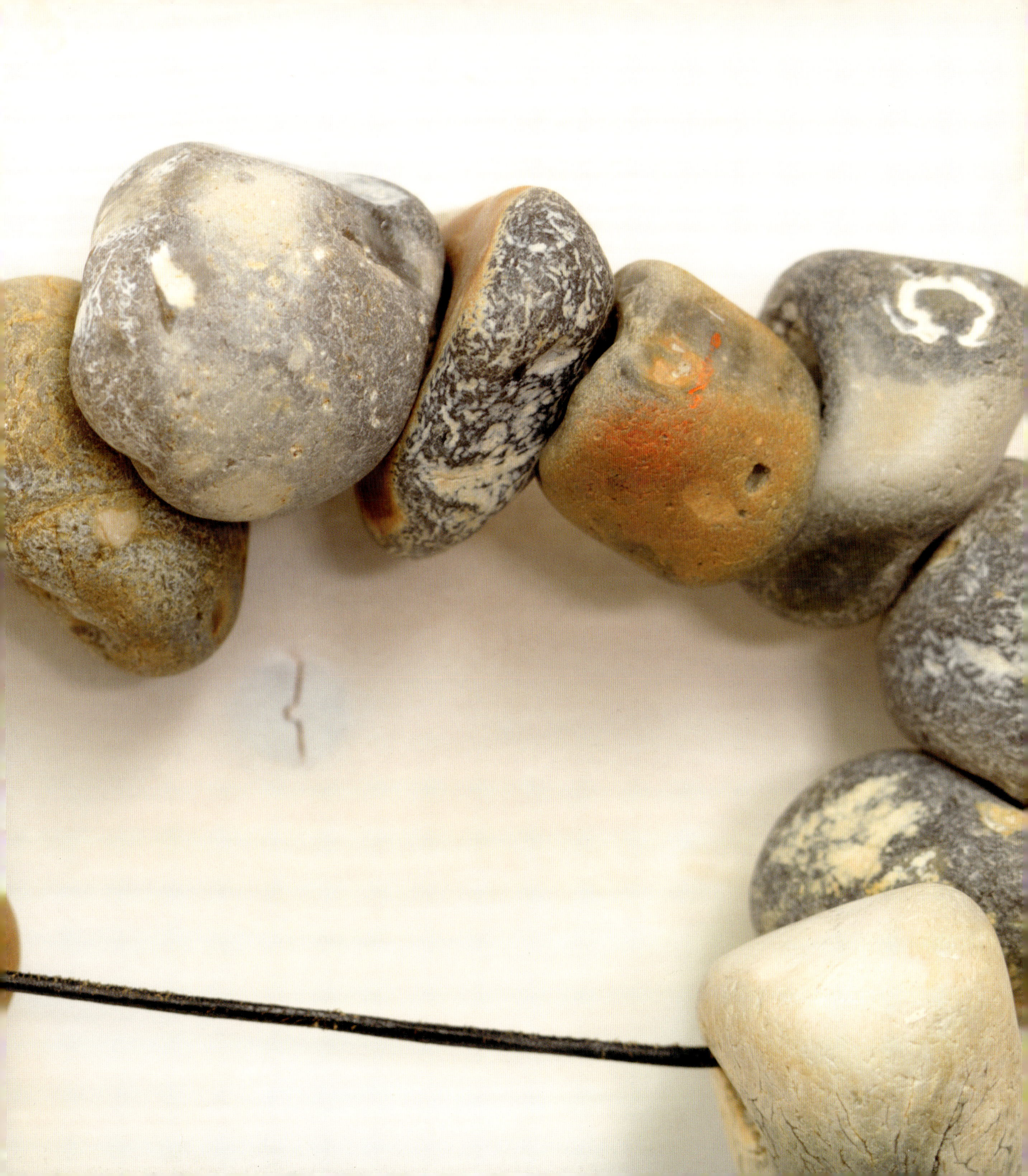

SCHWEIZER ASKESE

Die schön renovierte alte Villa steht im Stadtteil Vinderen in Oslo. In Norwegen nennt man diesen aufwändigen Baustil aus der letzten Hälfte des 19. Jahrhunderts „Schweizer Stil". Das Haus ist umgeben von einem hübschen Garten mit alten Apfelbäumen. In einem verfallenen Gewächshaus, das demnächst ebenfalls renoviert wird, wachsen Weintrauben.

Drinnen blieben der alte Stuck, die Deckenrosetten und verschnörkelten Treppengeländer weitgehend erhalten. Türen und Fenster sind in einem undefinierbaren Grundton weiß-beige gestrichen. Verwaschene Muster auf den Dachschindeln zeugen noch von der einstigen Pracht.

Die Opernsängerin Kirsten Flagstad verbrachte hier einst ihre Kindheit, und heute lebt hier Vibeke mit Eivind und den vier Kindern Mats, Frikk, Maia und Fride. Vibeke arbeitet bei Expo Nova in der Beleuchtungsableitung, was man der Einrichtung deutlich ansehen kann. Hier ist der Leuchtenklassiker Tolomeo gleich dreimal vertreten – in der Küche, im Wohnzimmer und im Schlafzimmer. Über dem Super Ellipse-Tisch von Piet Hein hängt die Maurer-Leuchte Birdie.

Im Wohnzimmer dominieren das schwarze Ledersofa von Walter Knoll und ein brauner Ledersessel von Hans J. Wegner. Die modernen Möbel und Leuchten und das aufwändige Wohndekor des 19. Jahrhunderts sorgen für spannende Kontraste – vor allem, da die Einrichtung sonst beinahe spartanisch einfach gehalten ist. Hier gibt es keinen unnötigen Zierrat, höchstens ein paar Zinnleuchter, hier und da einen Bücherstapel und eine Vase mit Blumen. Das Geschirr in der Ikea-Küche wurde sorgfältig ausgesucht und ist praktisch täglich in Gebrauch.

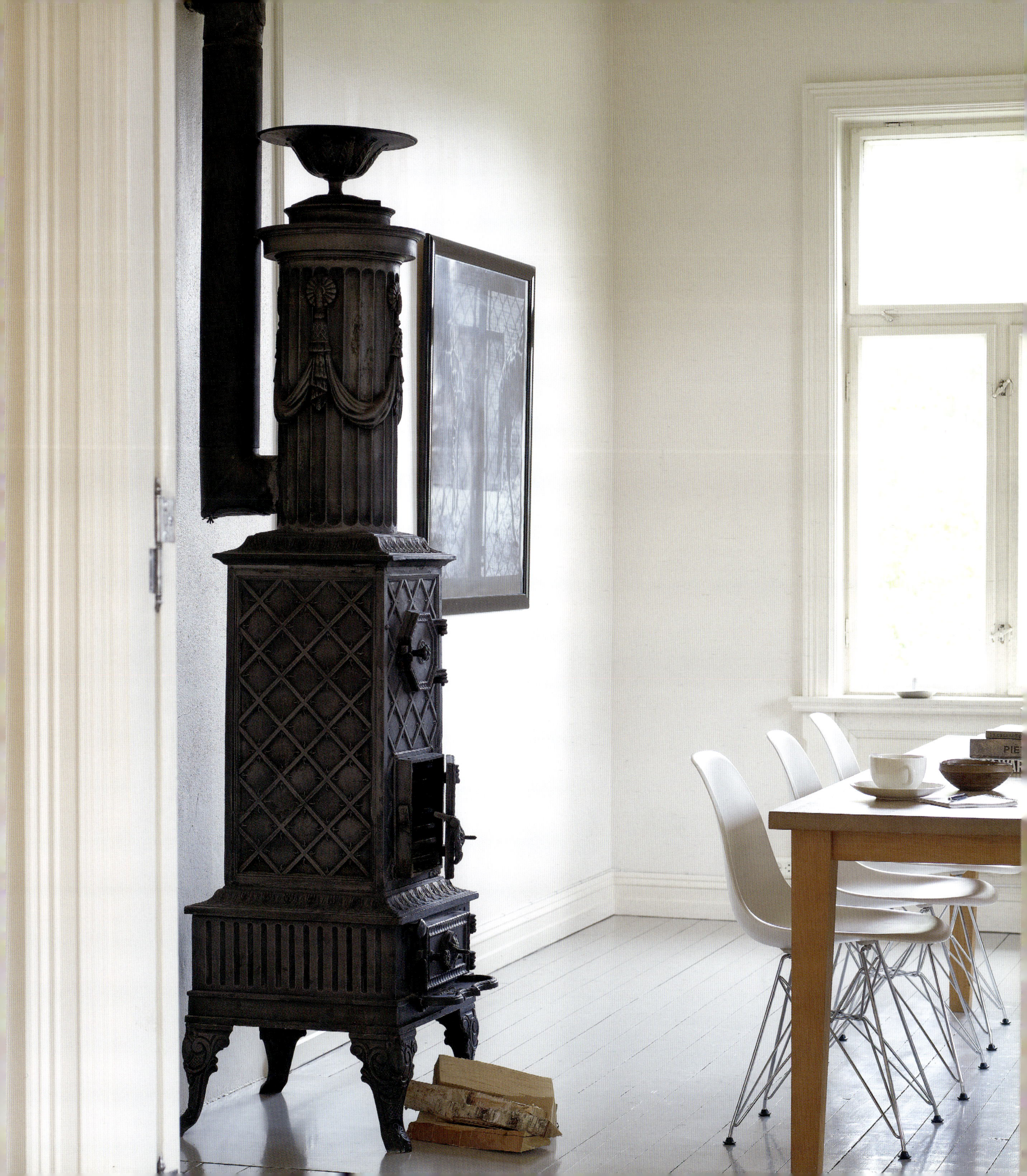

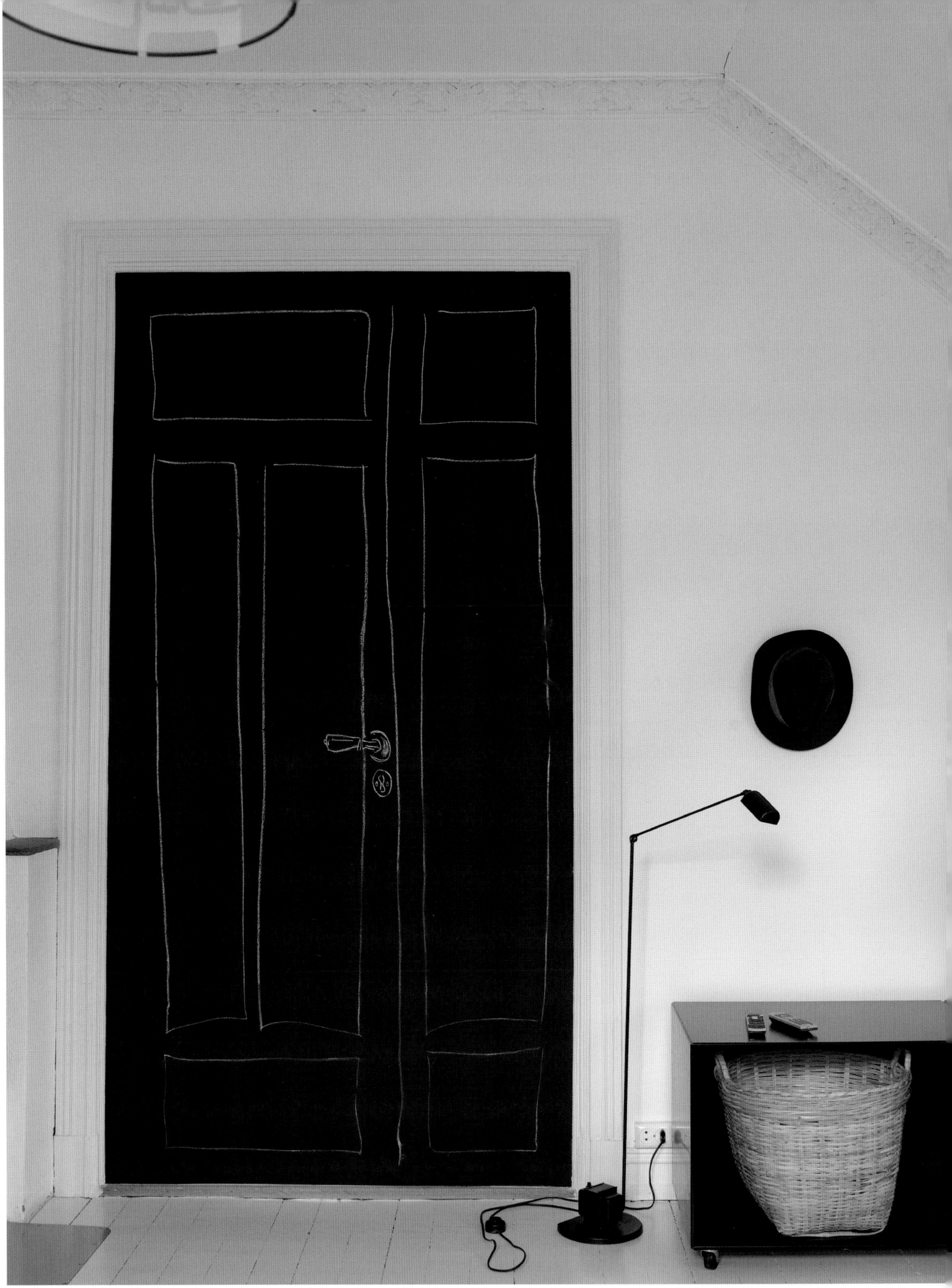

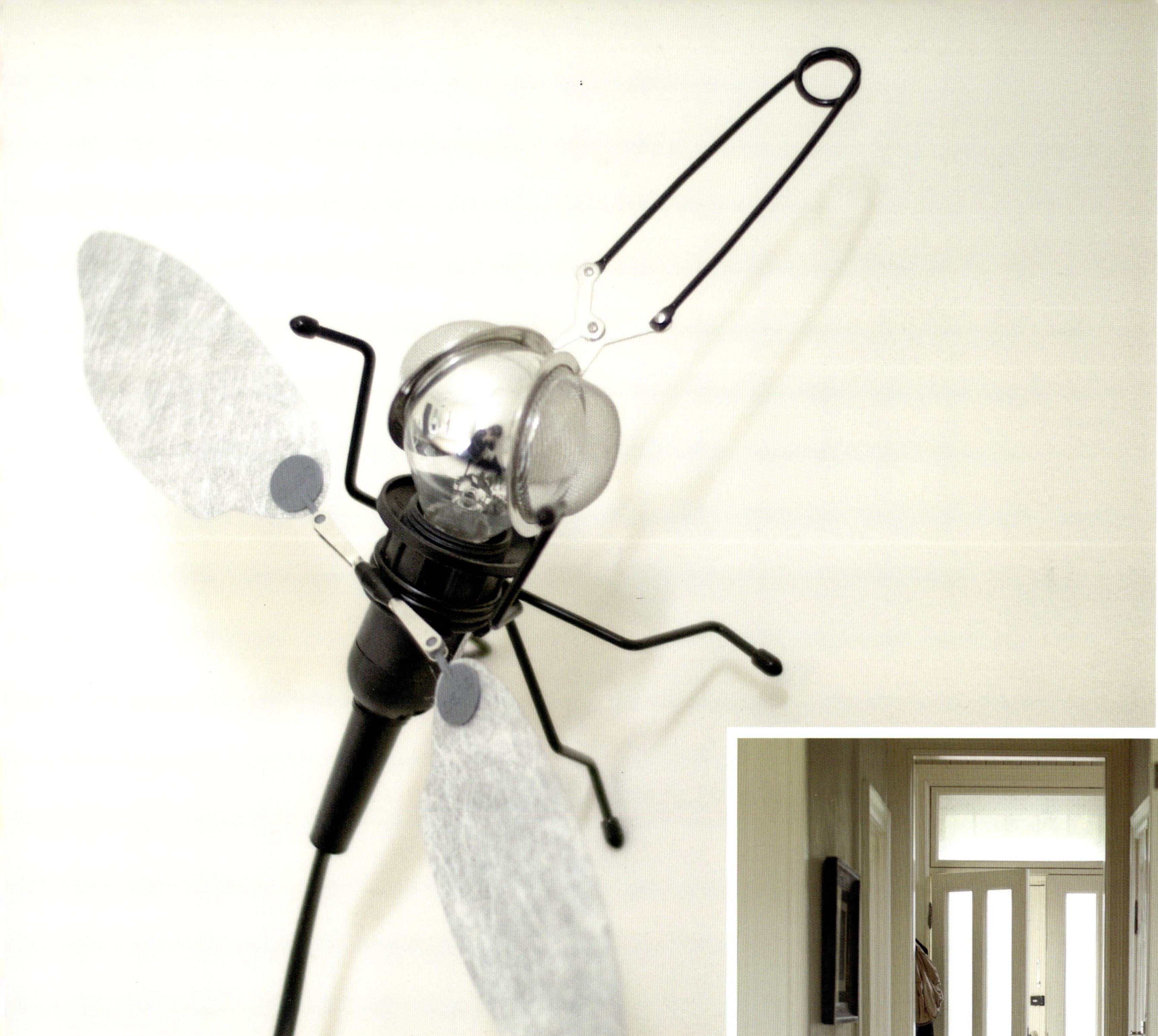
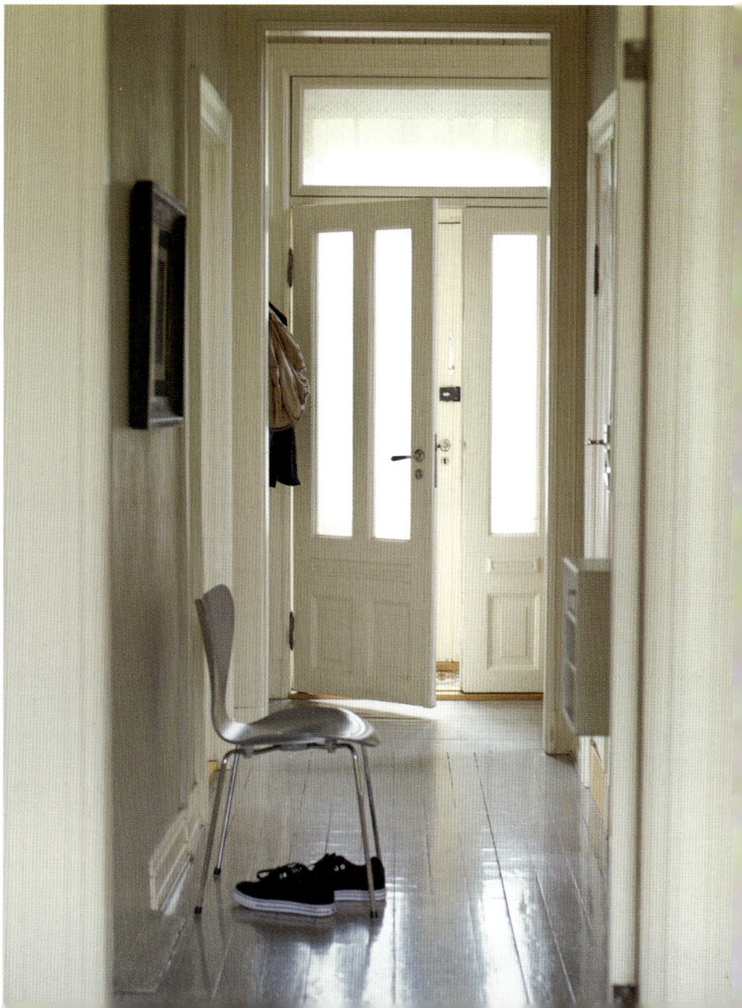

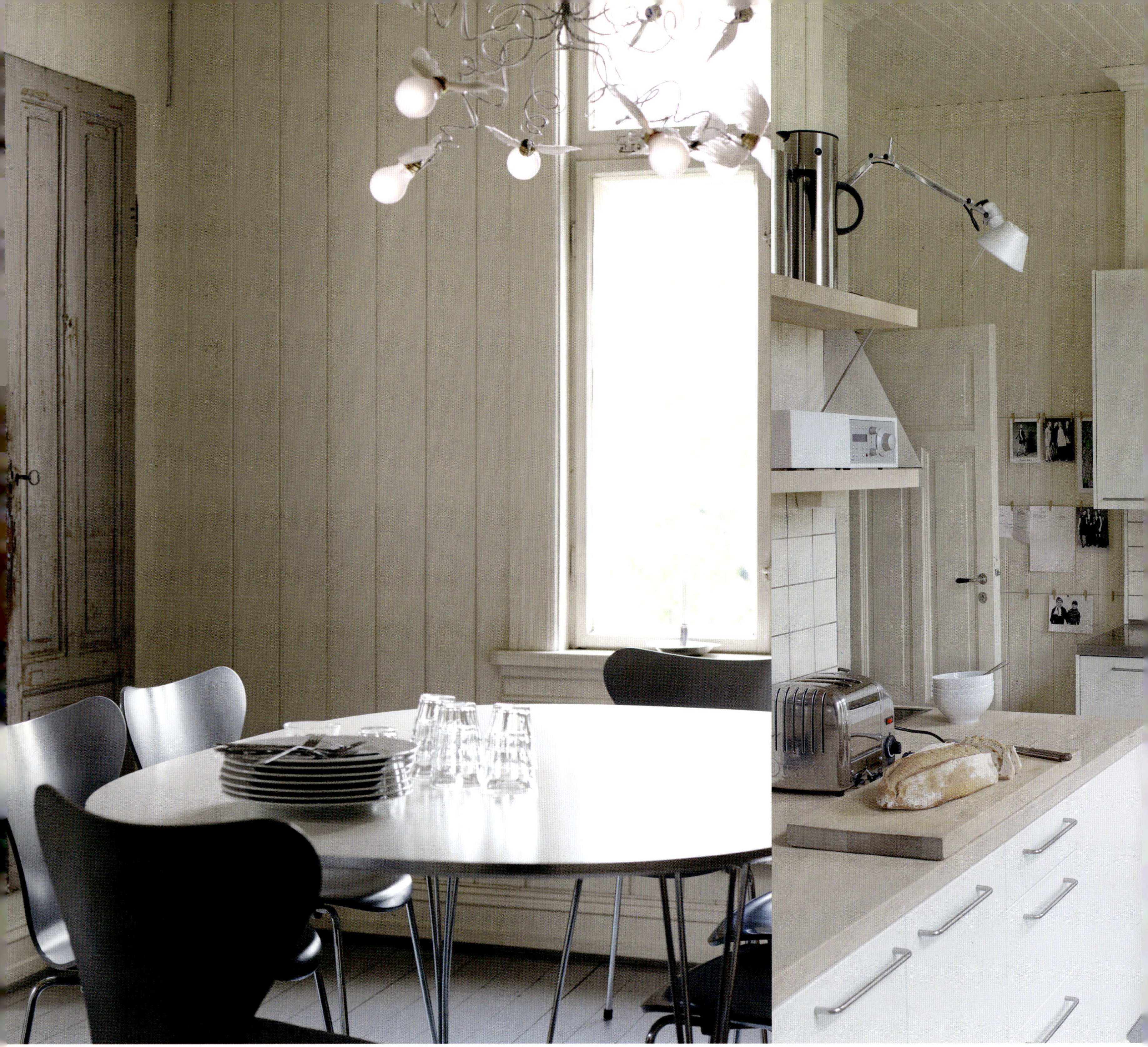

Eine Küchen-
leuchte aus
Teller und
Tasse

SCHWEIZER ASKESE 125

NATÜRLICH NORDISCH

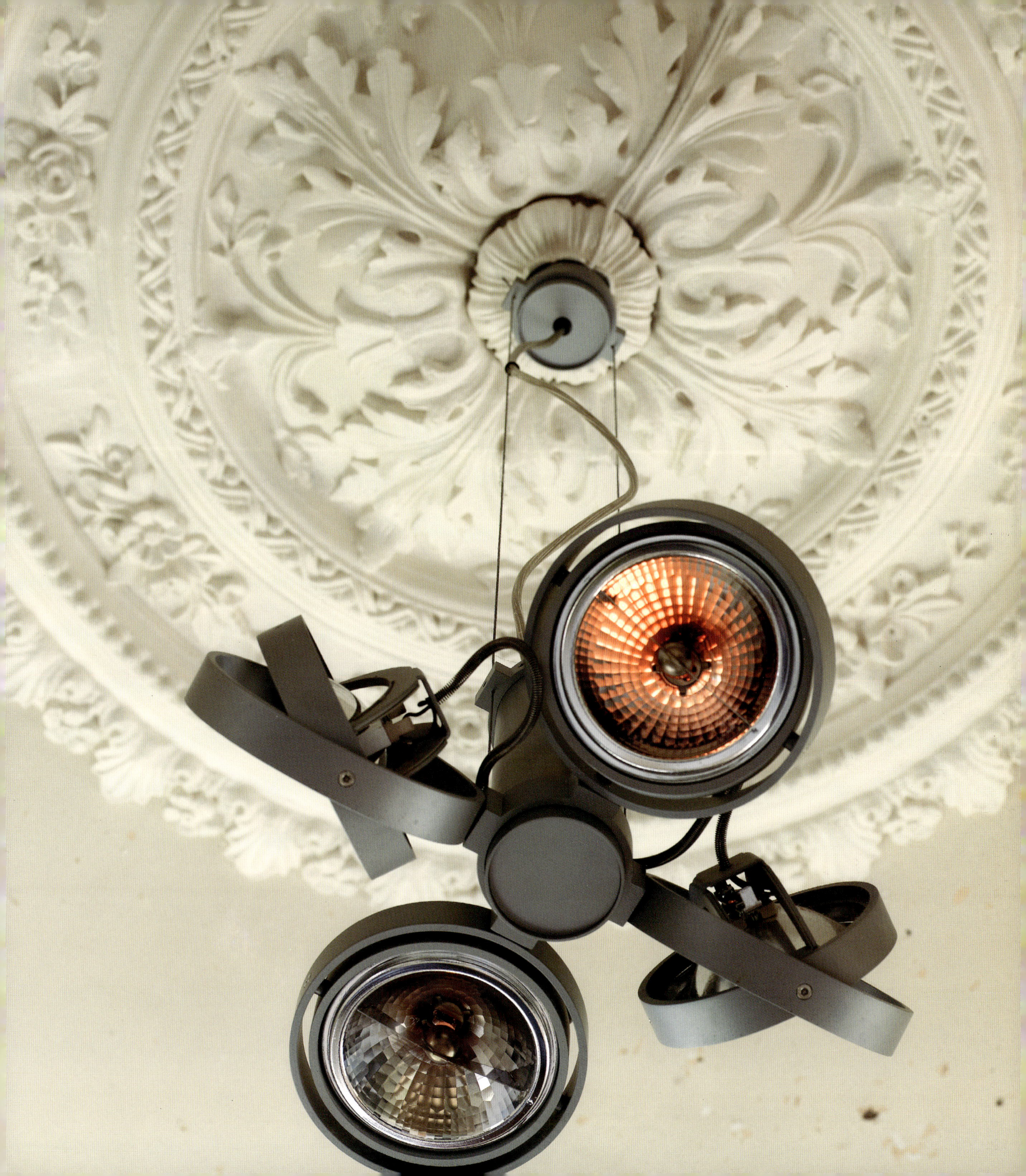

Aufgereihte Erinnerungen

Dass hier vier Kinder aufgewachsen sind, sieht man an den Etagenbetten und den getäfelten Wänden in den Schlafzimmern. Eine Tür hat Eivind mit schwarzer Tafelfarbe gestrichen und Türfächer mit Kreide aufgezeichnet. Ein anderer Türrahmen dokumentiert die Wachstumsphasen der vier Kinder. Die aufgereihten Schnappschüsse zeigen deutlich, wie aus Kindern Leute werden.

— F 29/12-09
— F 20/8-09

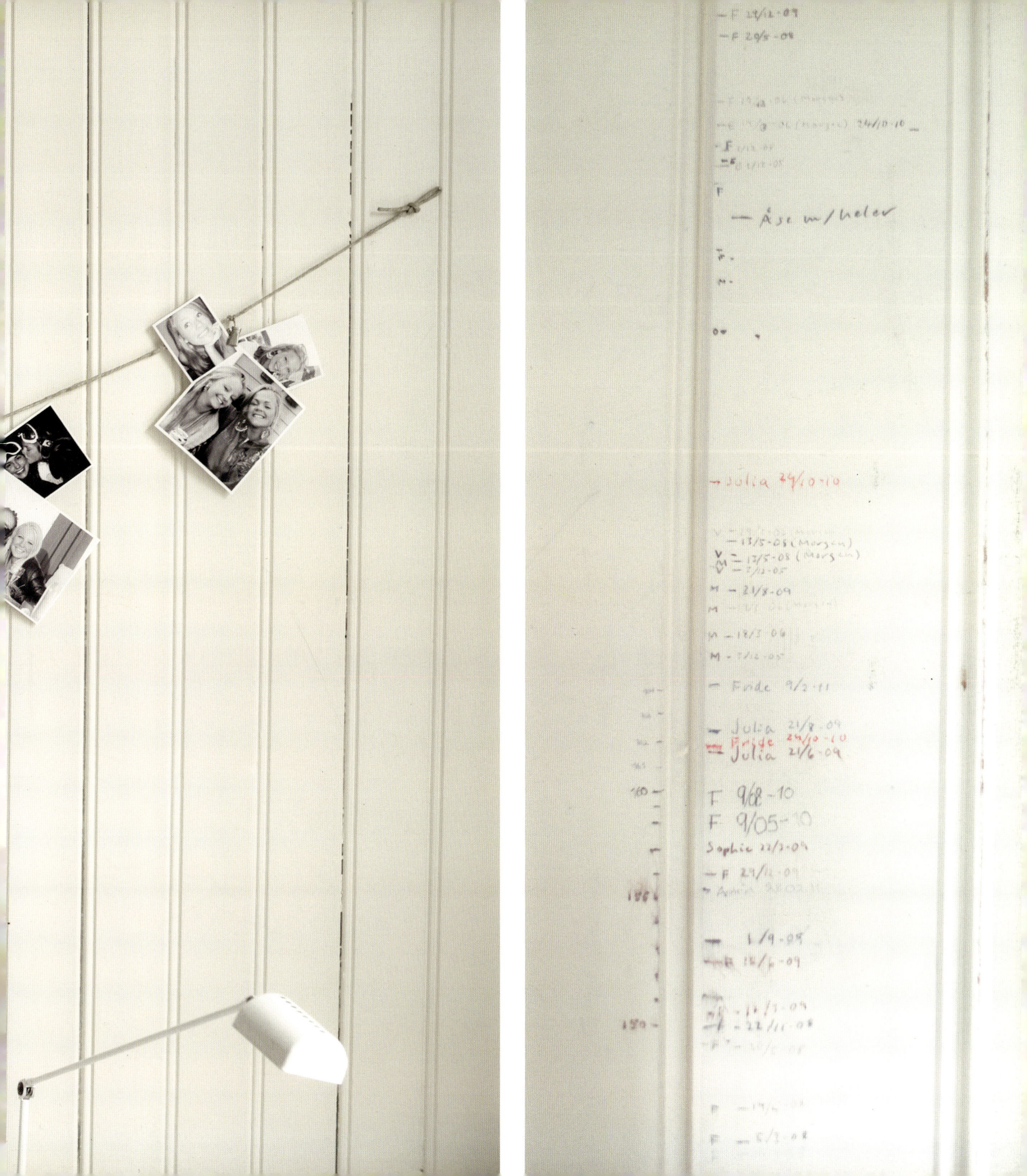

— F 17/2-06 (Morgen)
— F 17/2-06 (Morgen) 24/10-10
— F 1/12-09
— F 7/12-05
F

— Åse m/heler

F -
M -

O -

→ Julia 24/10-10

V — 13/5-08 (Morgen)
— 13/5-08 (Morgen)
V — 13/5-08 (Morgen)
V — 7/12-05
M — 21/8-09
M — 13/5-06 (Morgen)
M — 18/3-06
M — 7/12-05

— Frida 9/2-11

— Julia 21/8-09
— Frida 24/10-10
Julia 21/6-09

F 9/08-10
F 9/05-10
Sophie 22/2-09
— F 29/12-09
— Amira 28.02.11

— 1/9-05
— F 18/6-09

F — 18/3-09
F — 22/11-08
F — 30/5-08

F — 19/6-06
F — 5/3-06

130 NATÜRLICH NORDISCH

Das Schlafzimmer strahlt eine kühle Ruhe aus. Frisch gebügeltes Bettzeug verbreitet einen Hauch von Luxus. Der frei im Raum stehende Kleiderschrank dient als Raumteiler für den Ankleidebereich und als Betthaupt. Hier kann es nachts schon einmal kalt werden, denn die Fenster sind nicht doppelt verglast und auch die Isolierung der Wände ist etwas veraltet. Doch die beiden gusseisernen Öfen heizen ausgezeichnet.

Recycling

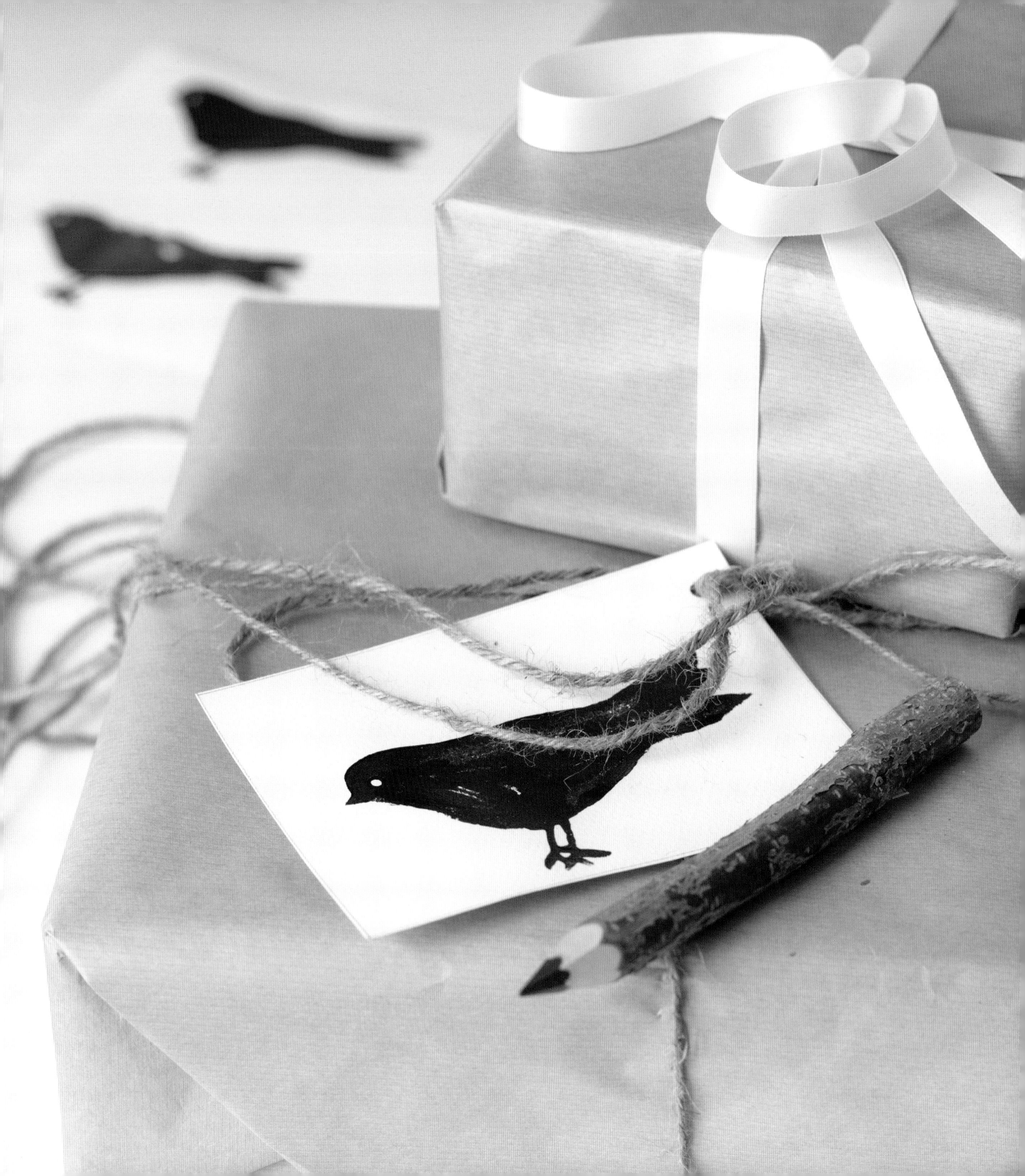

Originelle Recycling-
ideen mit Pappe,
Eierkartons, Zeitungs-
papier und alten Ver-
packungen.

RECYCLING 135

KONTINENTALER STIL
am Seeufer

Kjersti und ihre Familie wohnen in Kjerstis Elternhaus. In ihrer Jugend gab es hier eine Kellerbar, Spitzbogenfenster und gemusterte Badezimmerfliesen. Doch als Kjersti und ihr Mann Anders das Haus übernahmen, wurde es nach und nach gründlich renoviert.

Die Pläne für den Umbau zeichnete die Architektin Vigdis Apeland Berg. Der Flur ist groß und geräumig, hinter einer hohen Schrankwand mit Glattpaneelen verbirgt sich die Garderobe. Die Türen sind glatt in die Wand eingelassen und nur die rustikalen Türgriffe brechen die klaren Linien etwas auf. Die in Grautönen gemusterten Bodenfliesen sind traditionellen französischen Fliesen nachempfunden. Eine monumentale, mit weißer Lackfarbe gestrichene Treppe ins Obergeschoss bildet einen schönen Kontrast zu den matten Wandflächen.

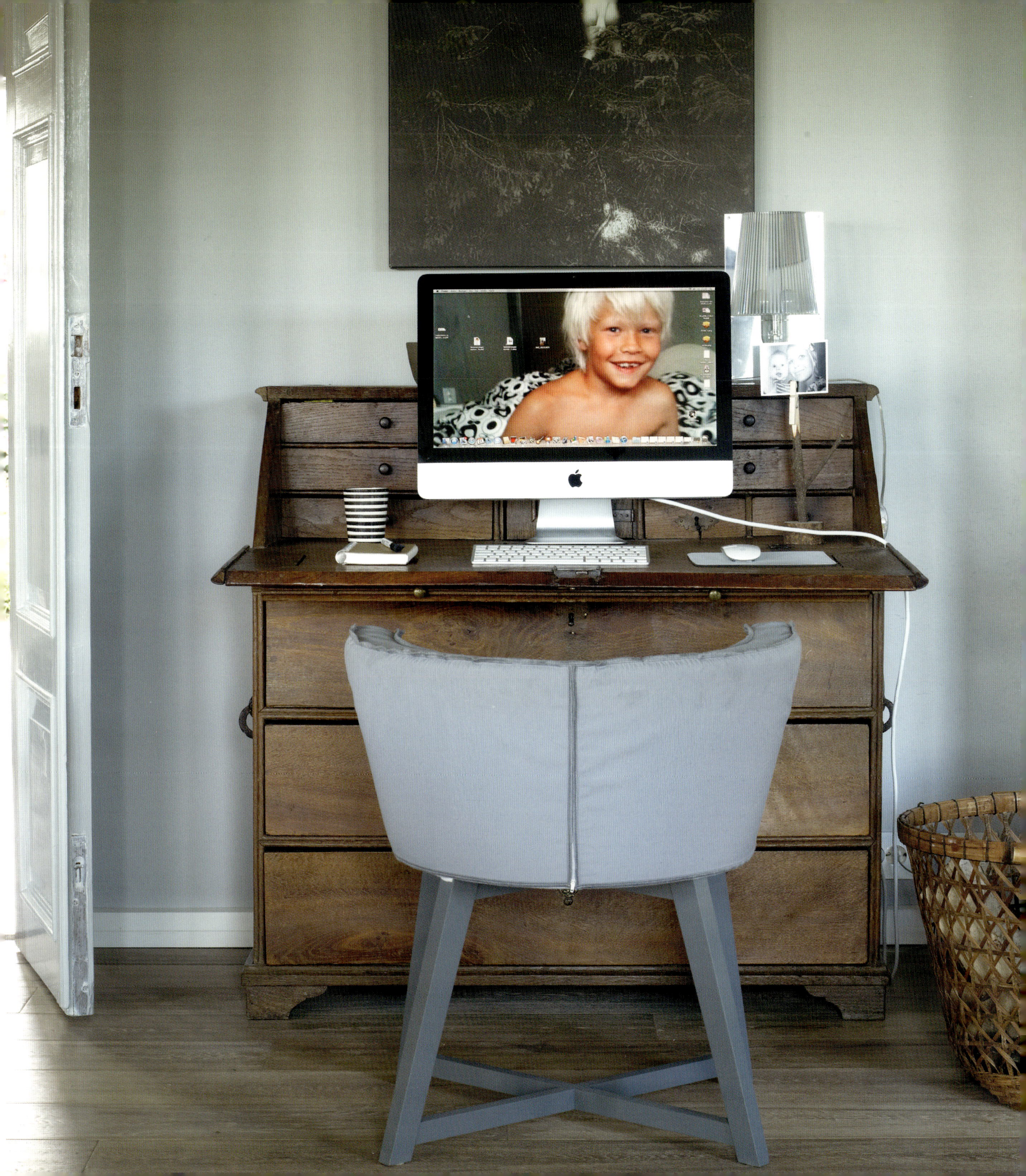

Drei Baumstümpfe als Sofatische

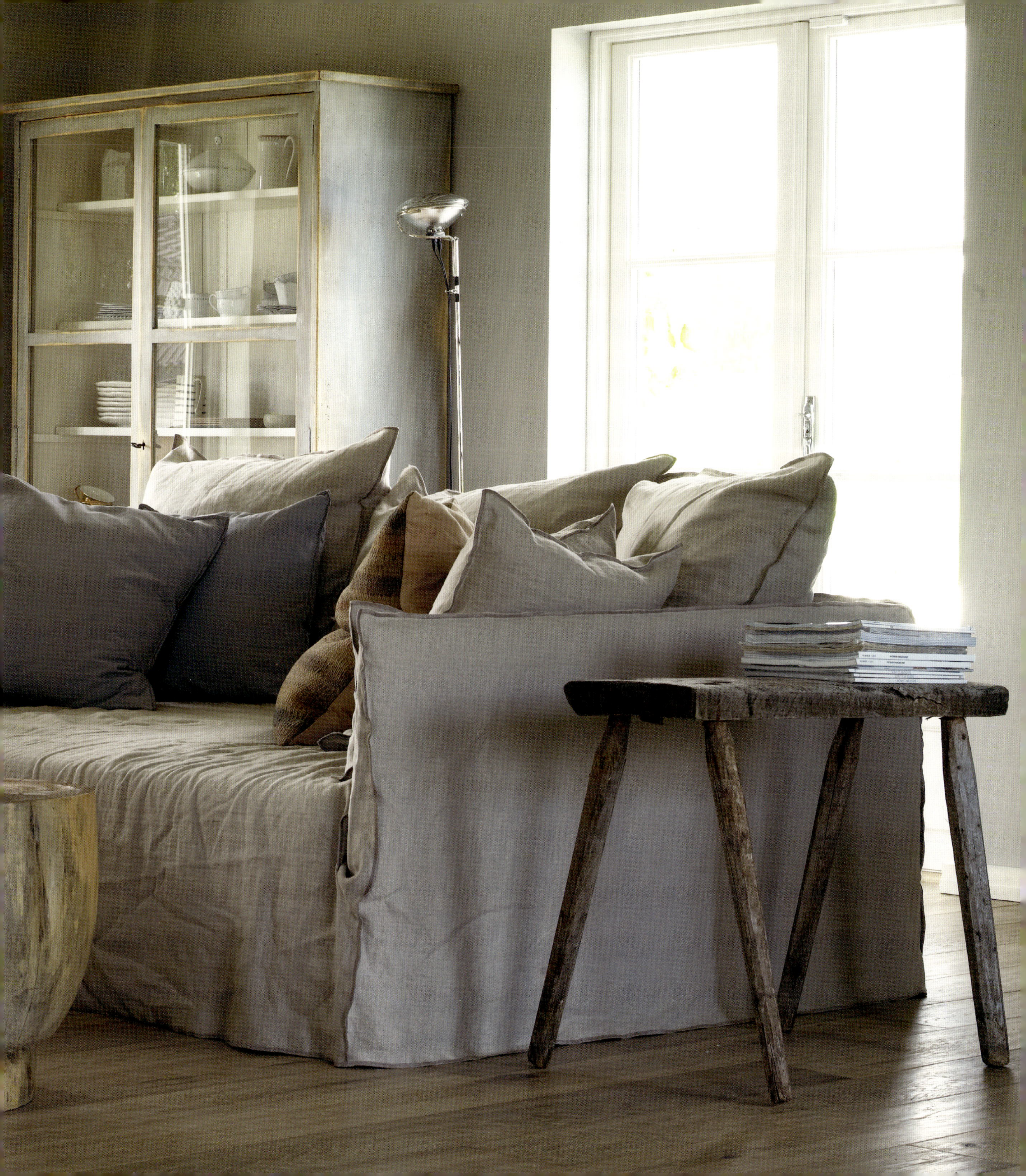

Im ersten Stock wird immer noch renoviert. Vom Flur im Erdgeschoss aus geht es in einen riesigen Multifunktionsraum – dort sind es vom Sofa bis an den Herd mehr als 24 Meter! Hier ist Platz für die Küche, den Essplatz, das Büro und den Wohnraum. Mitten im Raum „prangt ein großer quadratischer Betontisch. Das ist Kjerstis Büro, von hier aus leitet sie ihr Interieurgeschäft Nr3 und das Kinderbekleidungsgeschäft Engler & Cowboyer.

Weiß gestrichene Stühle verschiedener Machart sowie ein massiver Hocker und eine Holzbank aus Asien stehen rund um den Betontisch. Das Farbschema des Wohnraums – Grau, Weiß und Naturholz – zieht sich durch das ganze Haus. Über dem soliden Tisch, in den eine schüsselartige Vertiefung eingelassen ist, schwebt eine zarte, handgefertigte Hängeleuchte mit Papierschirm. Ein großer weißer Stein schwebt an einem Faden über der Vertiefung.

Der Fußboden aus massiven, hellen Eichenbohlen harmoniert mit dem hellen Grauton der Wände. Die Küchenwand erinnert durch die facettierten weißen Fliesen ein wenig an eine französische Bäckerei. Die Küchenmöbel aus grau gestrichener Eiche sind eine Spezialanfertigung. Auf dem riesigen Binge-Sofa hat die Familie, die bald auf fünf Köpfe anwachsen wird, reichlich Platz. An den Wänden hängen schwarzweiße Kunstfotografien und im Raum verteilt mehrere Leuchten von Jielde, Flos und Tom Rossau.

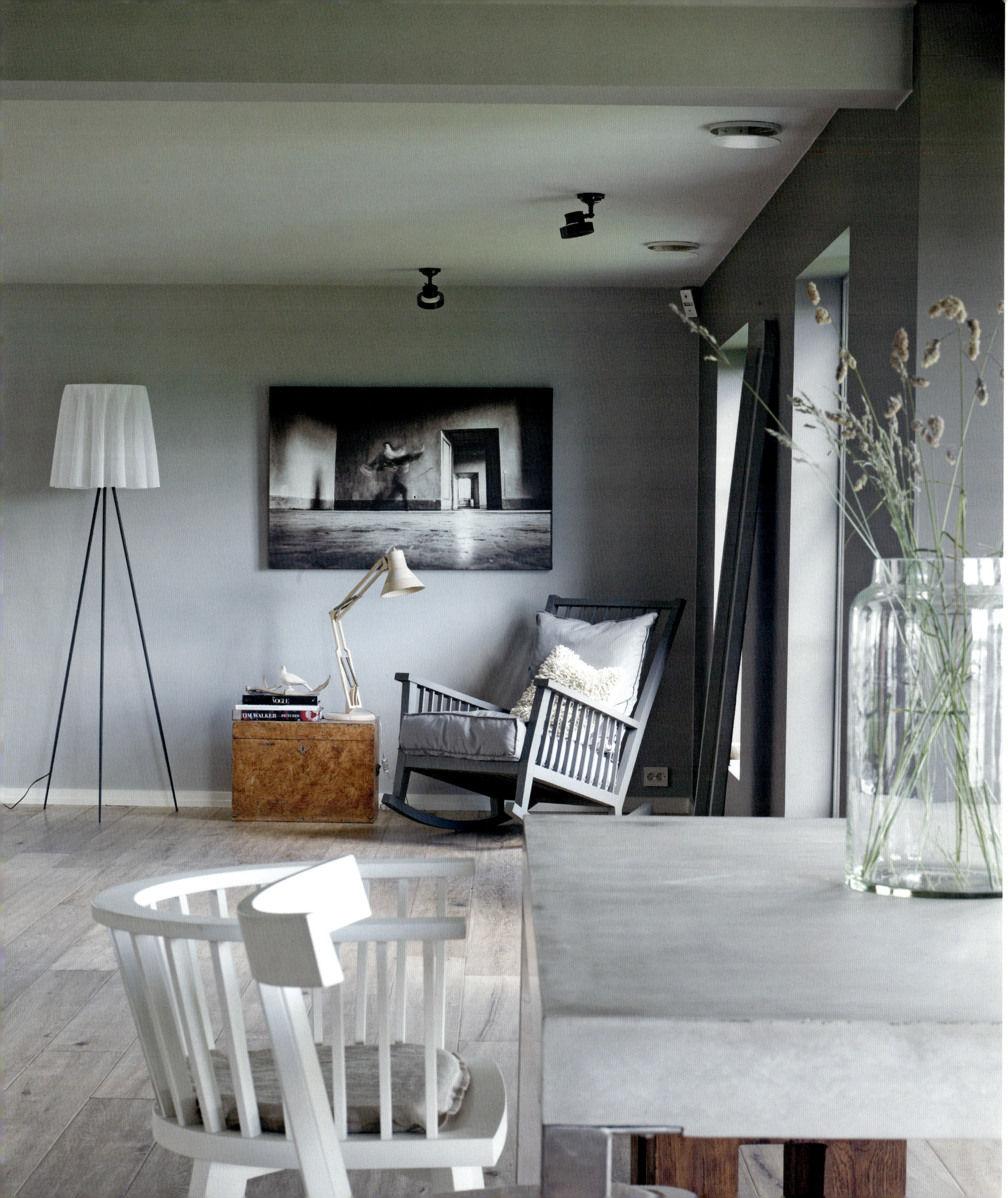
VOGUE
TIM WALKER
PICTURES

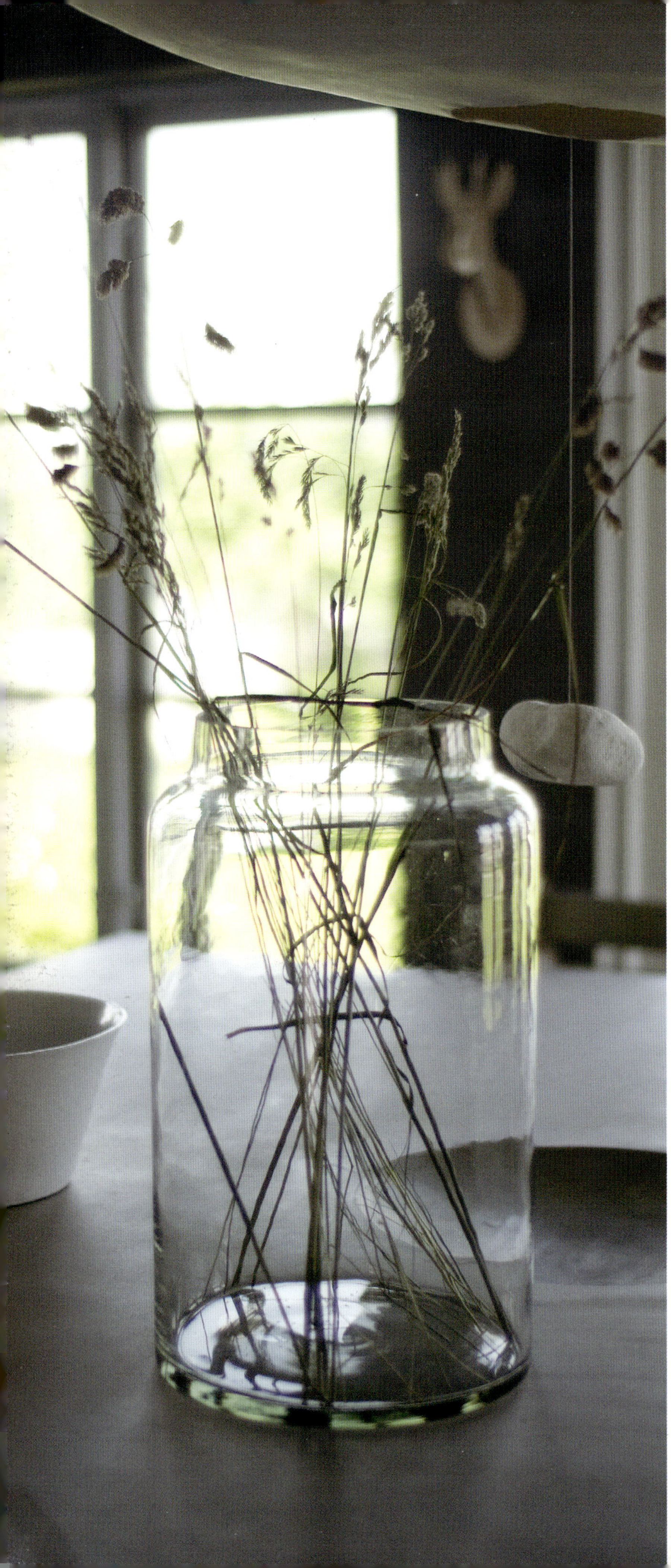
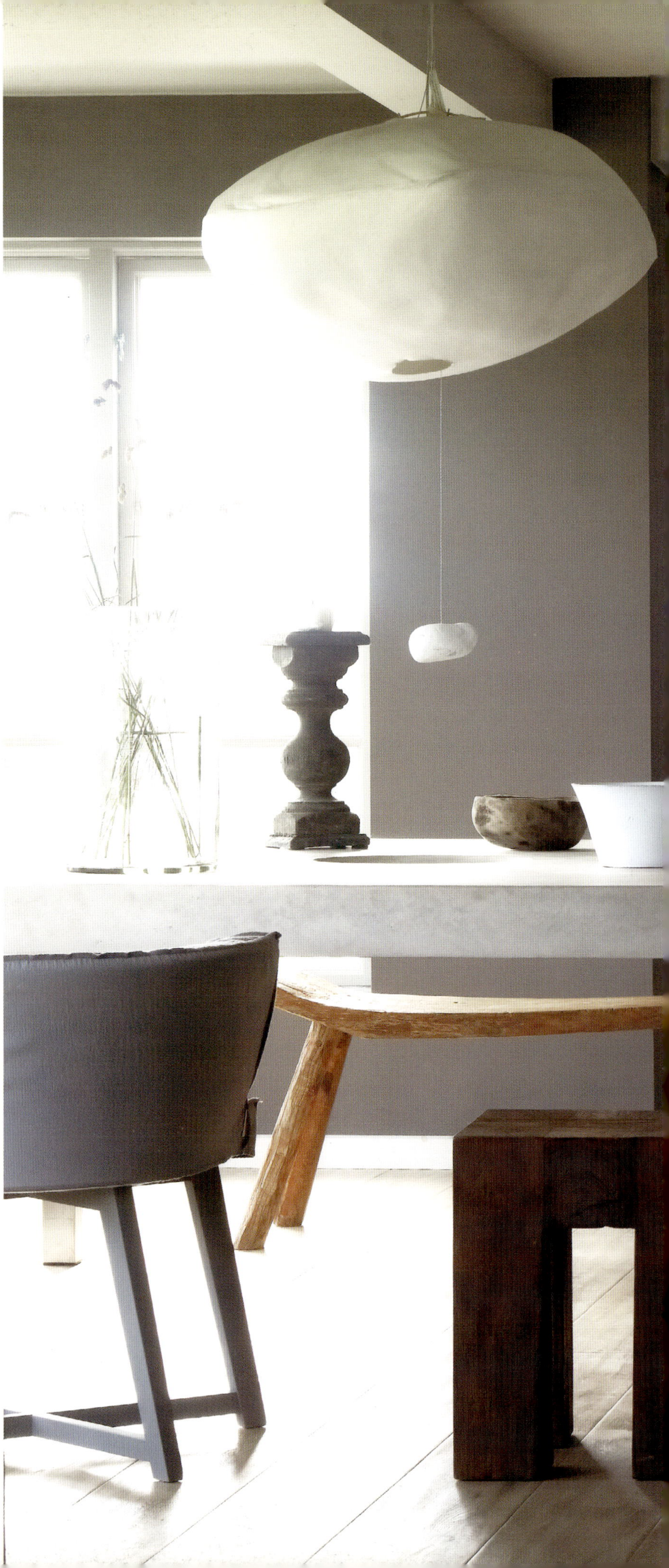

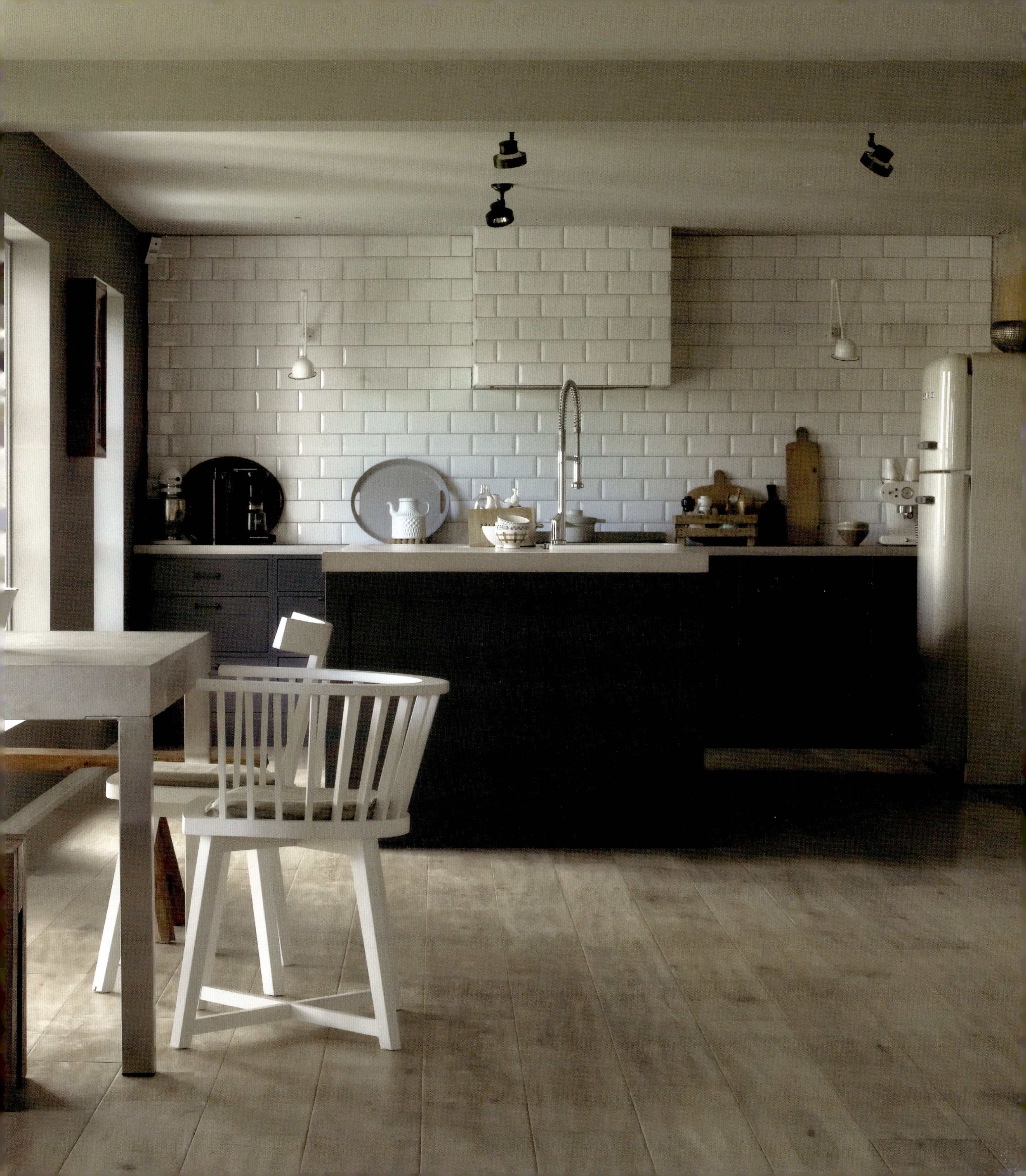

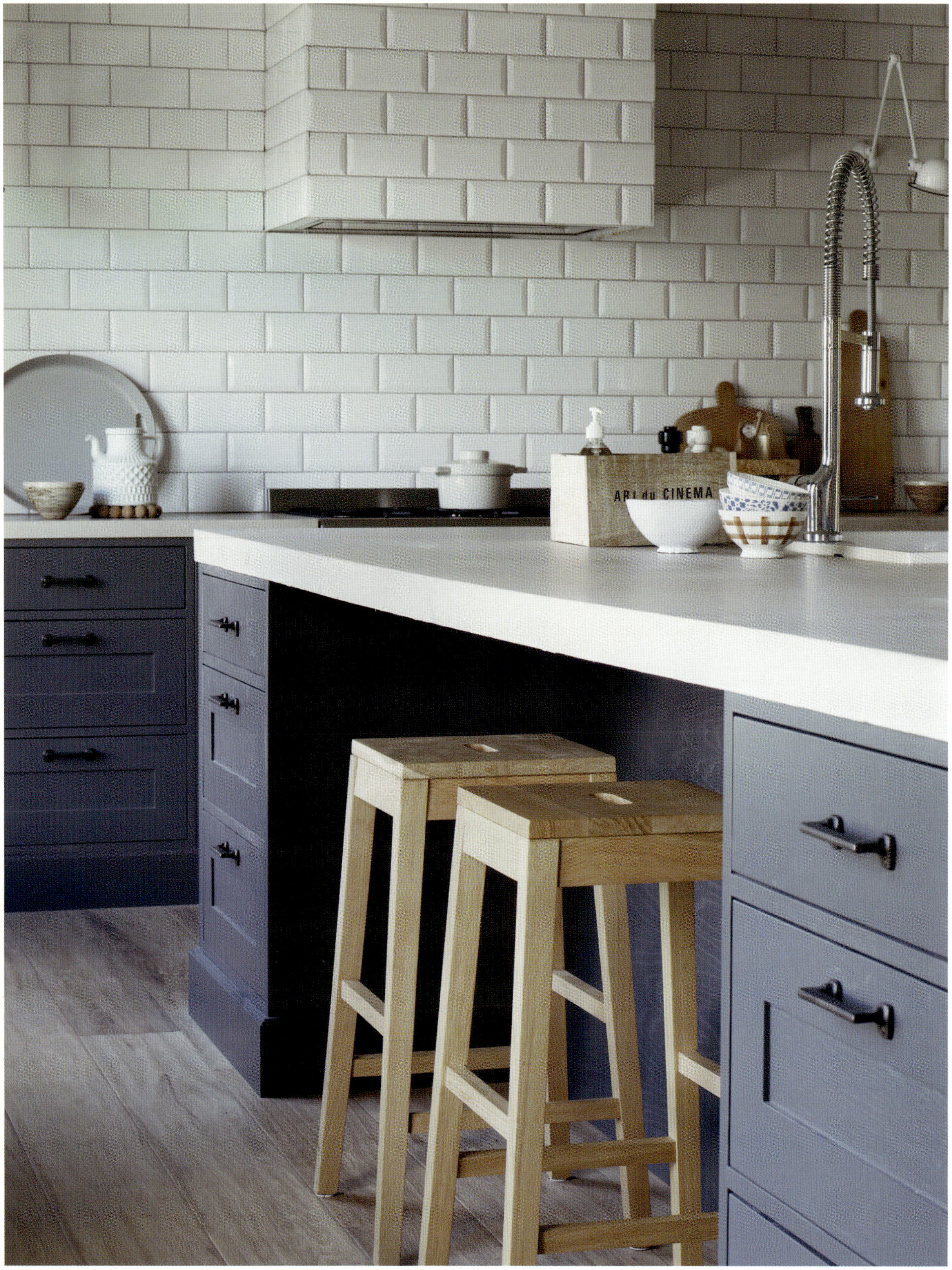
CINEMA

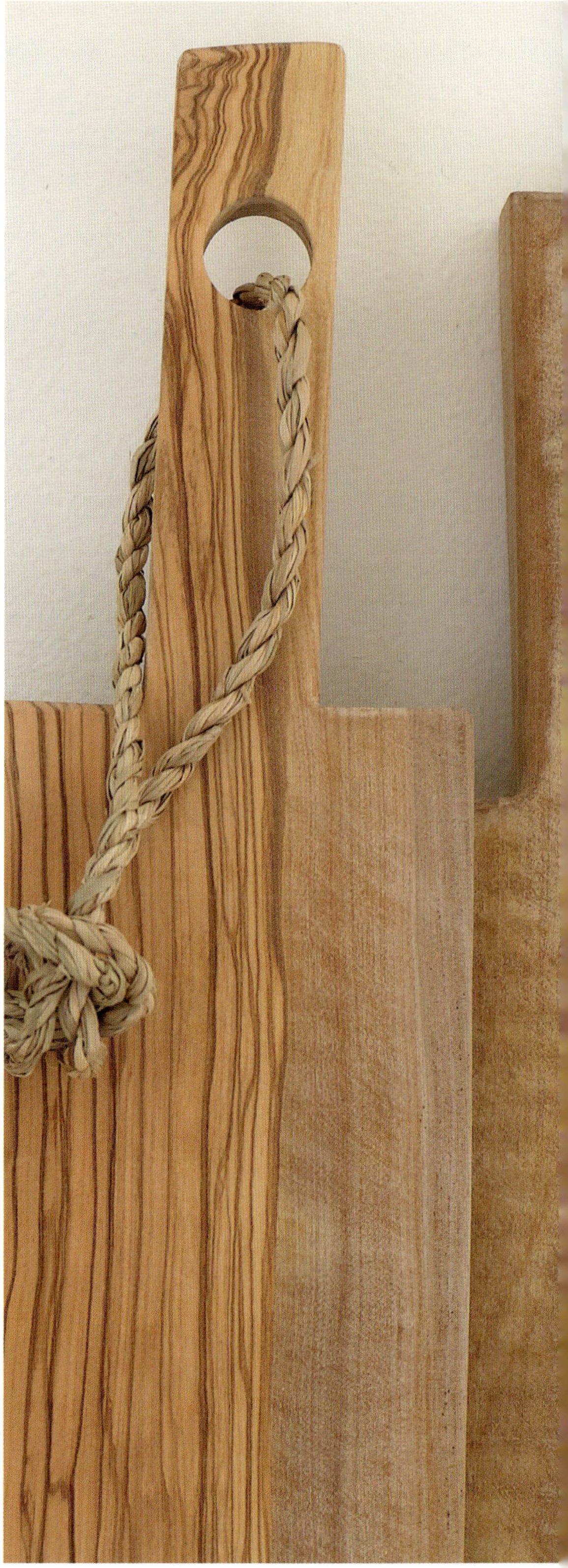

KONTINENTALER STIL AM SEEUFER 145

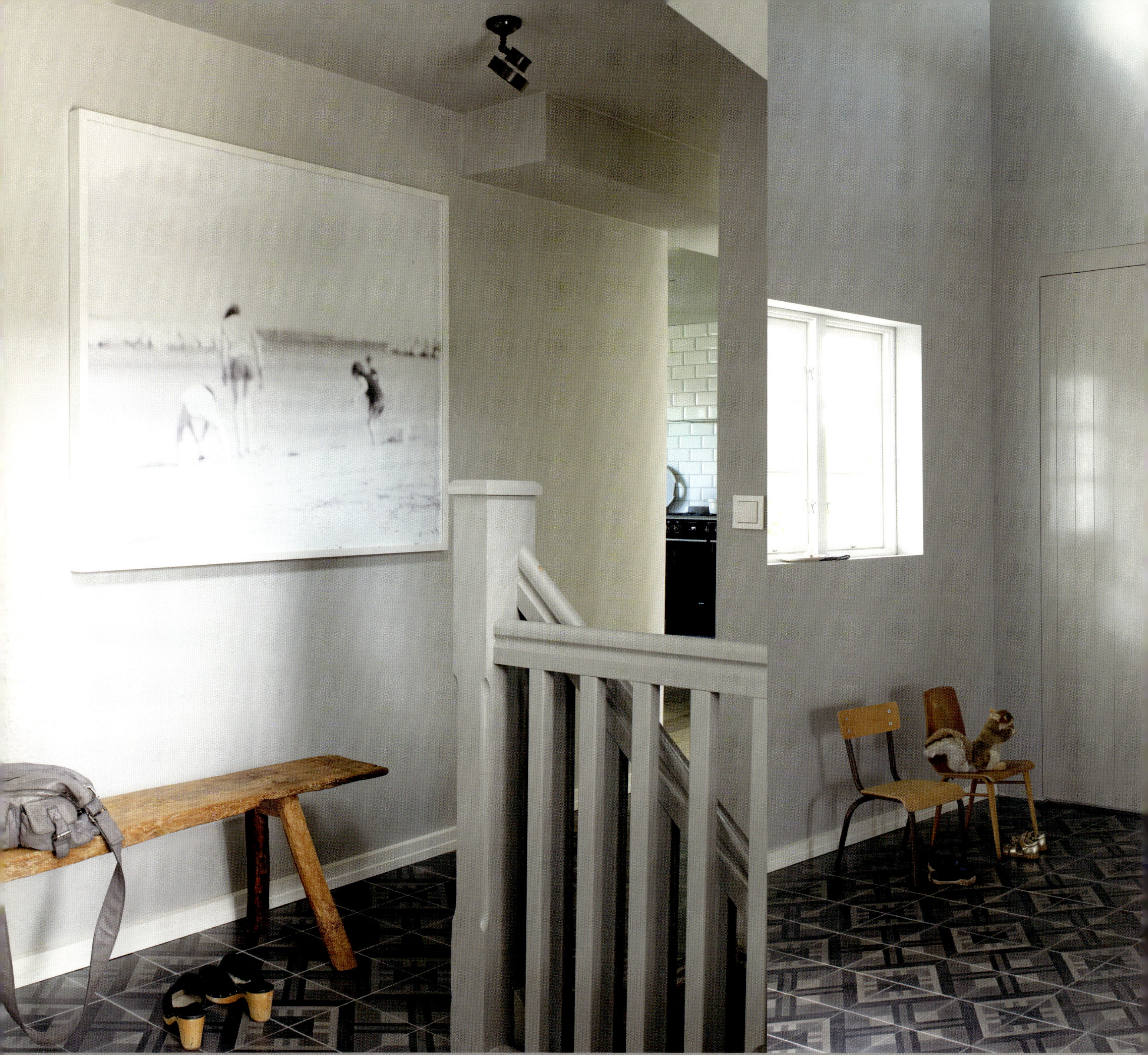

KONTINENTALER STIL AM SEEUFER 147

GANZ EINFACH WUNDERBAR

Gleich nach dem Krieg wurden rund um den Inneren Oslofjord viele kleine Ferienhäuser gebaut. Kari Janne heiratete in eine Familie ein, die damals eines davon gekauft hatte. Die Schwiegermutter hatte ihren Traumblick aufs Wasser und der Schwiegervater, seines Zeichens Möbeltischler, eine wunderbare Freizeitbeschäftigung. Über dreißig Jahre lang war die kleine Hütte der Sommersitz für die ganze Familie. Kari Janne, ihr Mann Kjetil und die beiden Kinder Mari und Ingrid hatten in einem 13 Quadratmeter großen Anbau Platz. Doch in der mit Zeitungspapier isolierten Hütte hatte der Holzbock ganze Arbeit getan. Eine Generalüberholung stand an, doch bald zeigte sich, dass Renovieren viel teurer werden würde als Abriss und Neubau. Nachdem alles wieder verwertbare Holz sorgfältig entfernt war, wurde die alte Hütte kurzerhand im Zuge einer Feuerwehrübung niedergebrannt. Die neue, 90 Quadratmeter große Hütte hat zwei Etagen, Fußbodenheizung, eine Wohnküche mit doppelter Raumhöhe und riesige Glasfenster mit Seeblick.

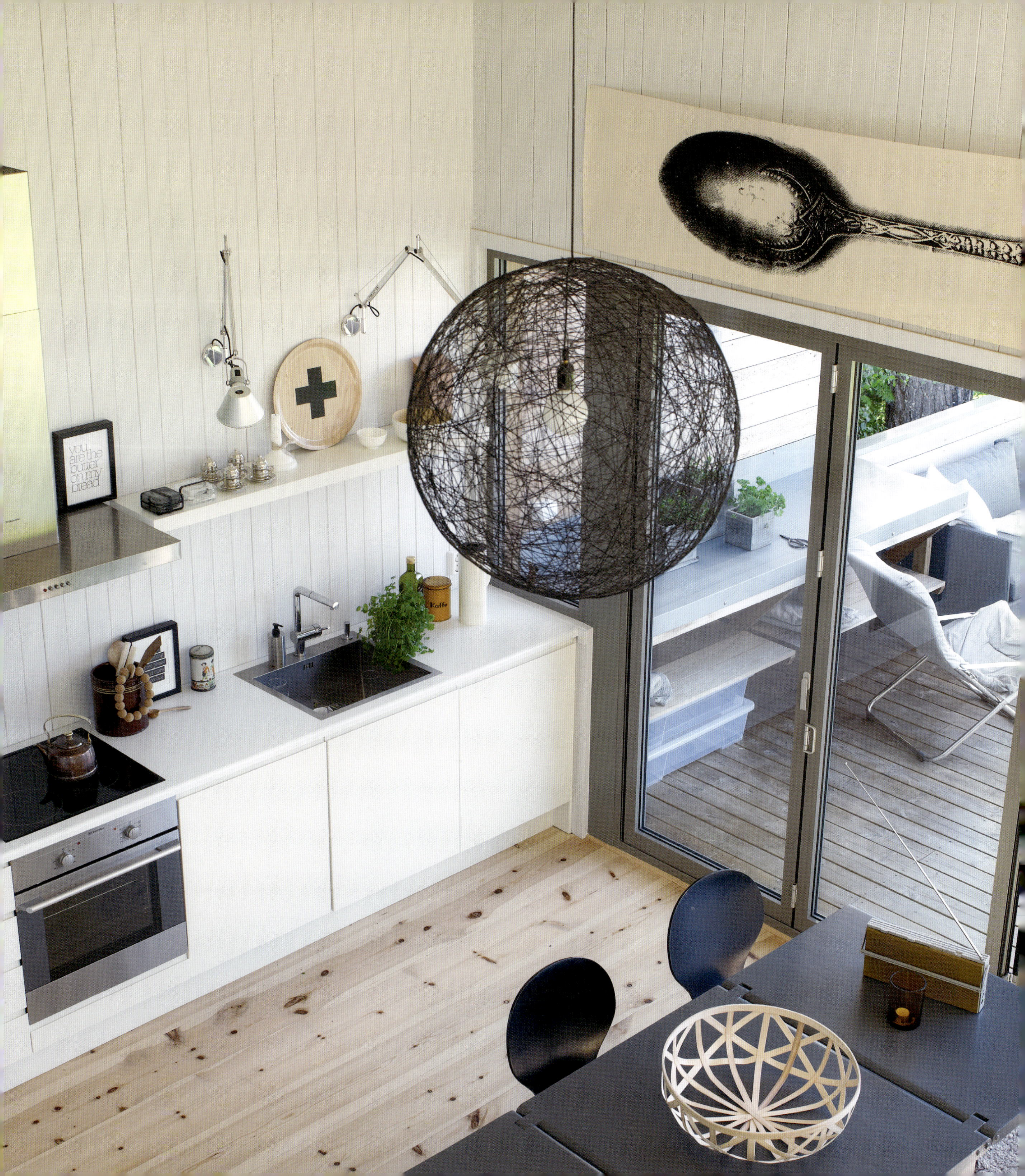
you are the butter on my bread
Kaffe

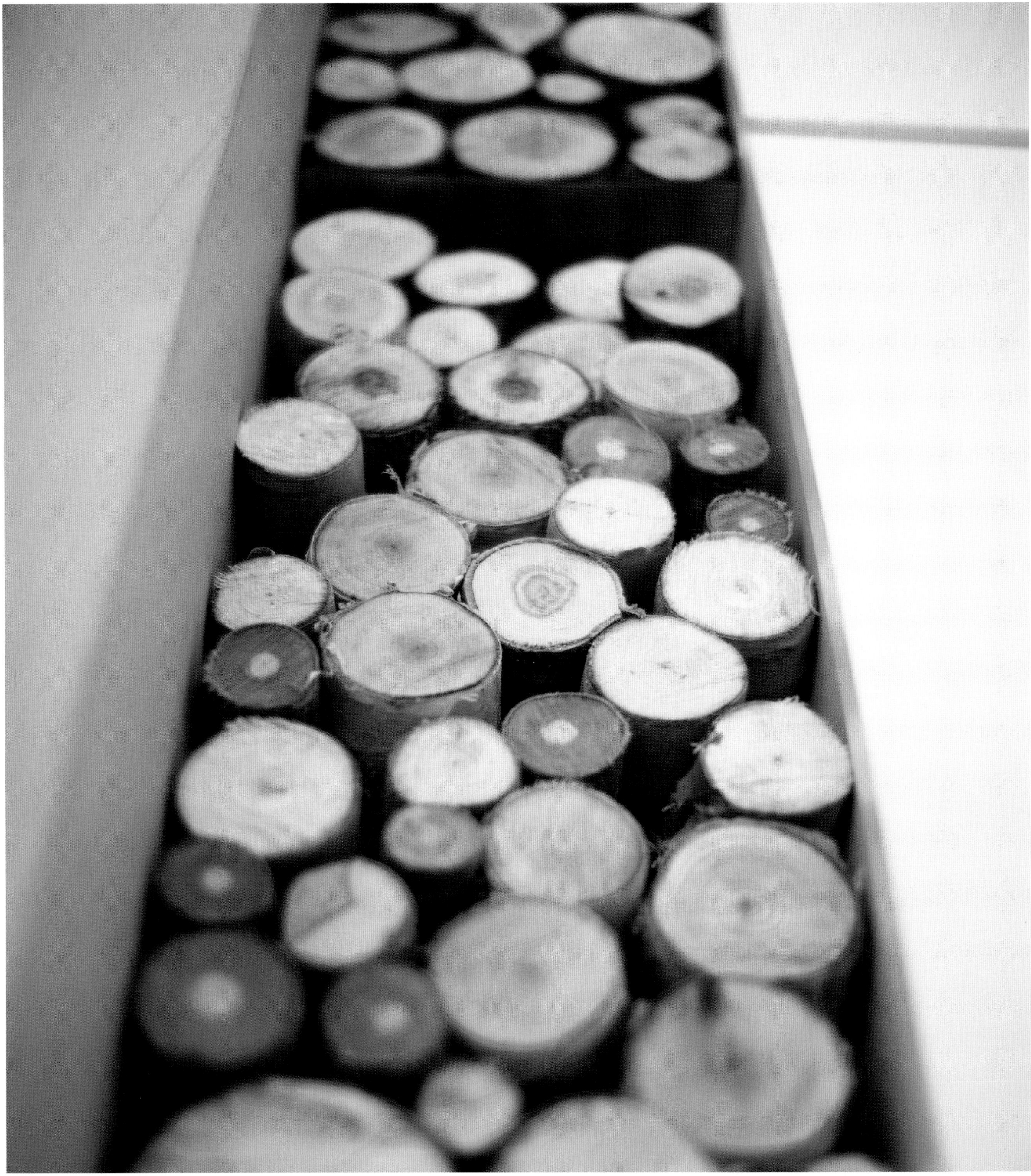

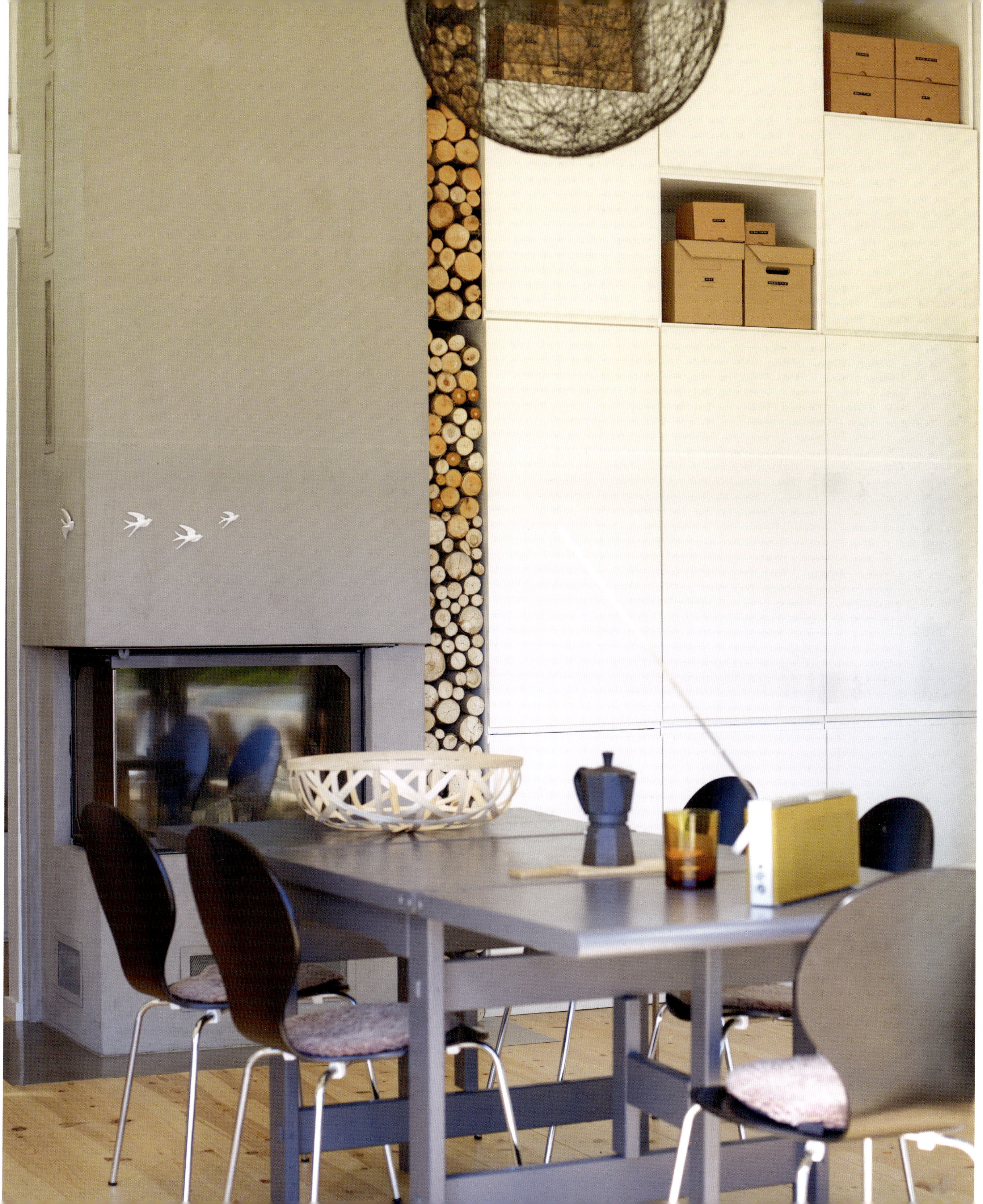

NATÜRLICH NORDISCH

Ordnung mit Pappkartons

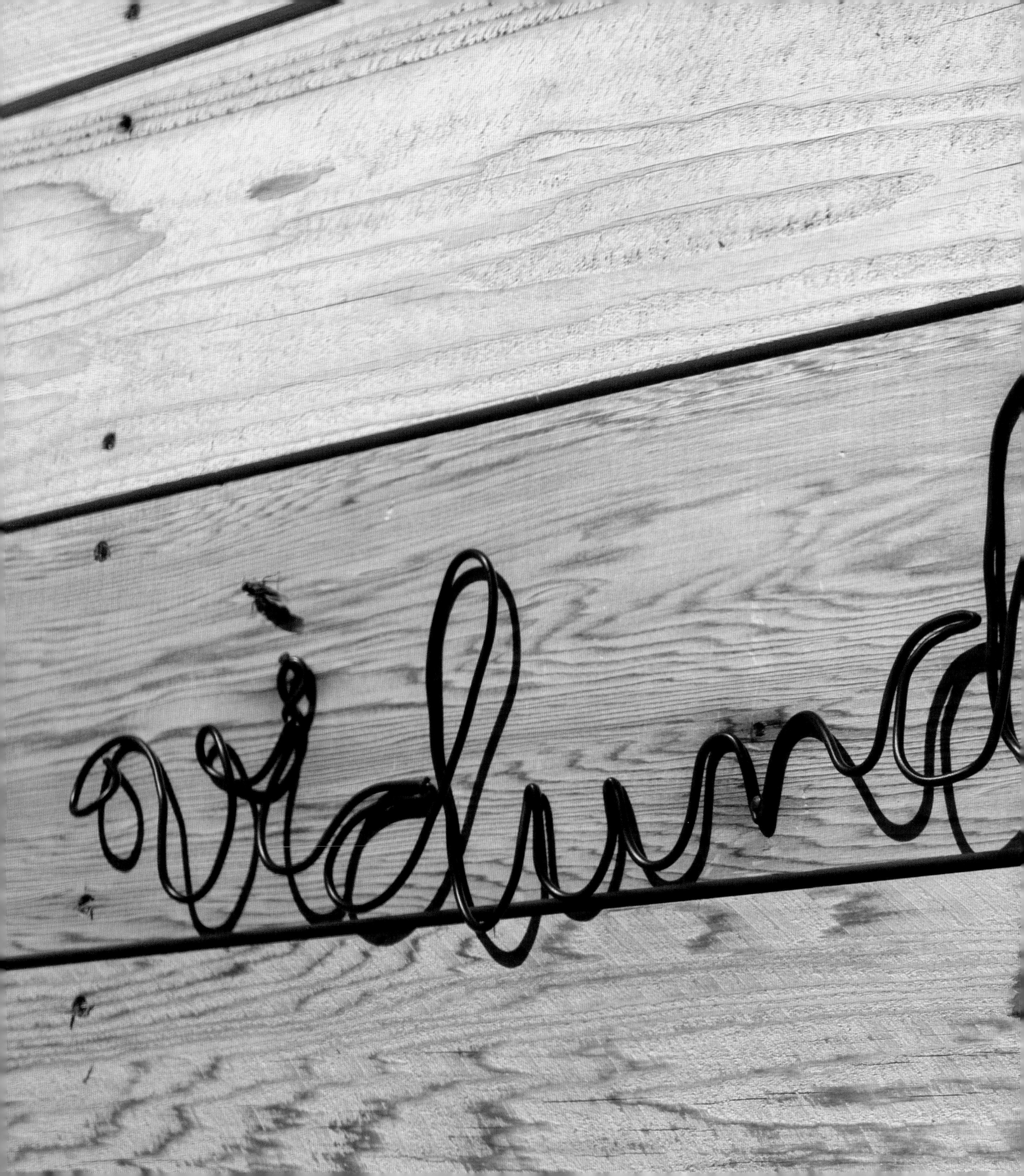

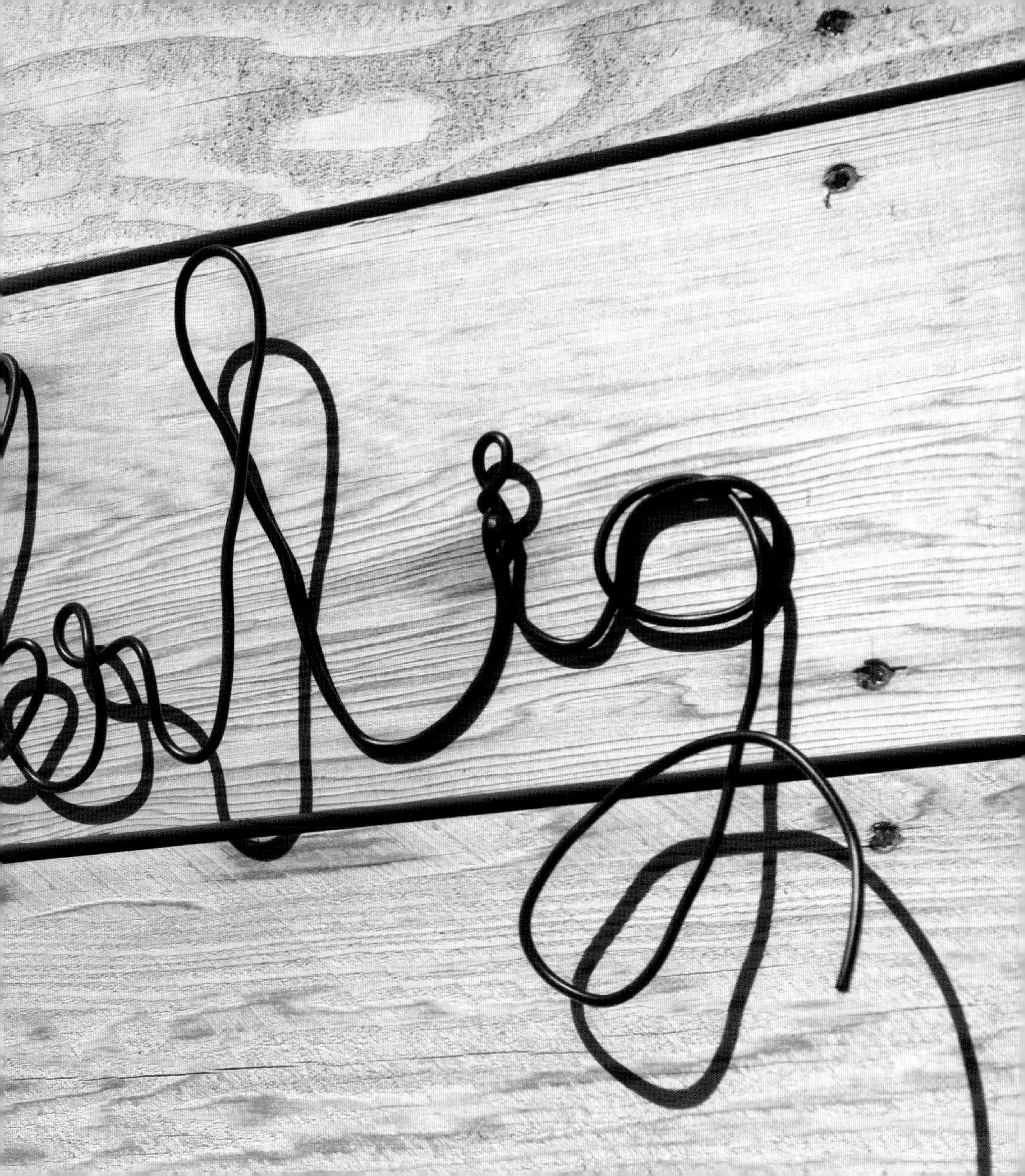

Rhabarberblatt + Zement

= Vogeltränke

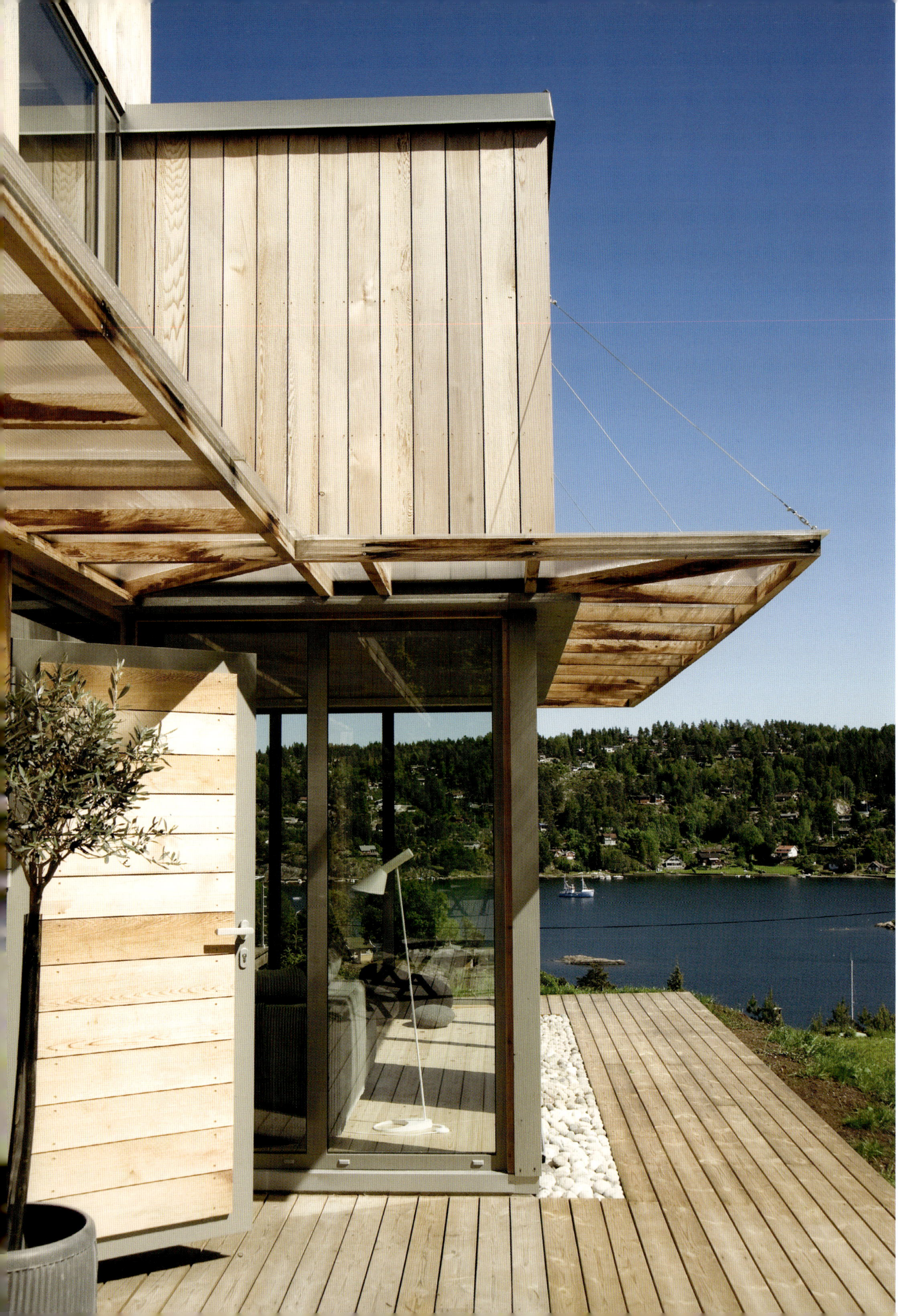

Runde Kiesel
als Regentraufe

GANZ EINFACH WUNDERBAR

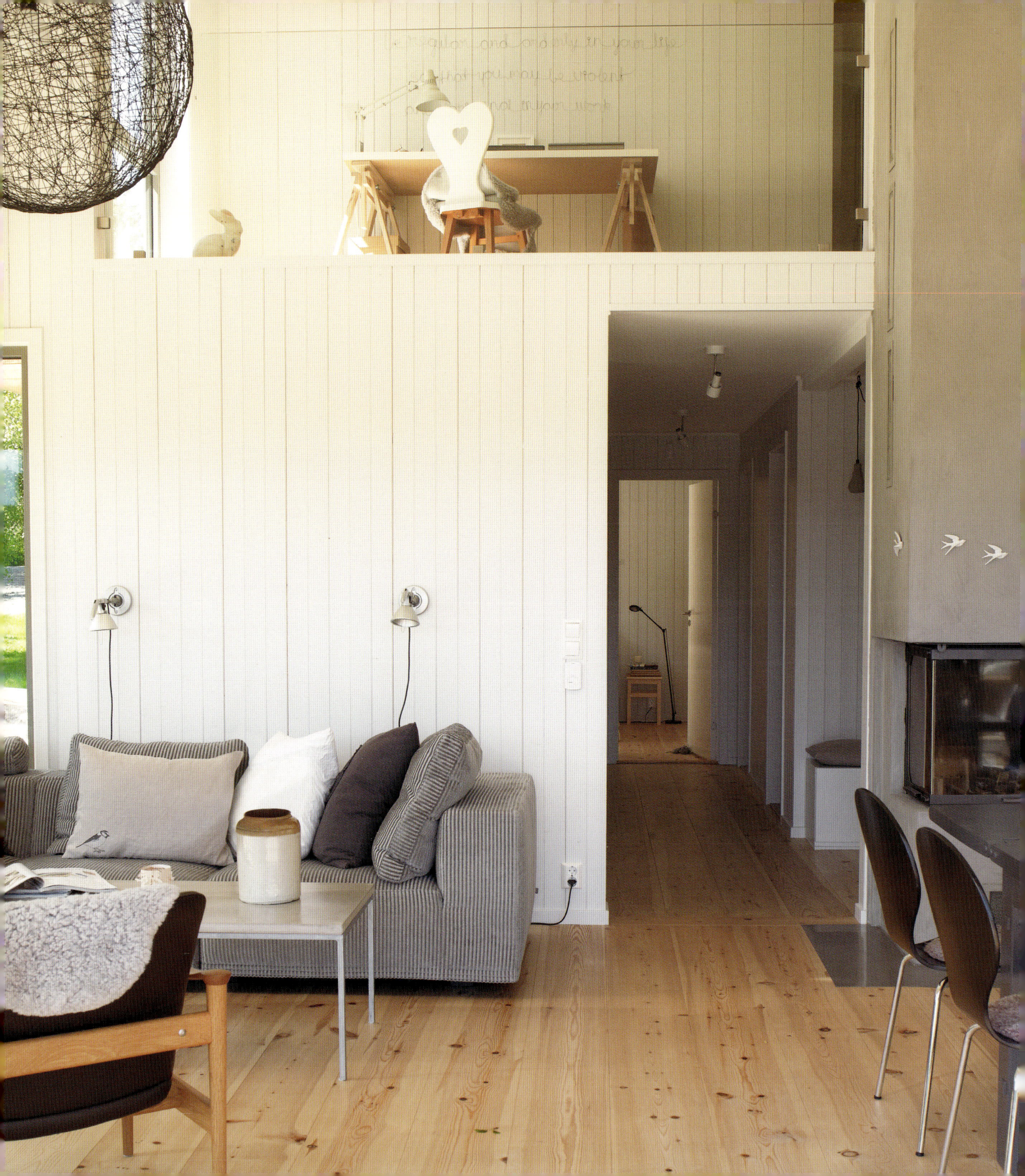

GANZ EINFACH WUNDERBAR

Das Baumaterial ist durchweg solide und pflegeleicht. Die Außenverkleidung besteht aus Kanadischer Zeder, die im Laufe der Zeit eine graue Färbung annimmt. Der Boden aus Fichtenbrettern wurde mit einem Spezialpräparat behandelt, damit er nicht vergilbt. Die Holzverschalung der Wände ist weiß gestrichen und die Aluminiumrahmen der Fenster schließen glatt mit den Wänden ab. Hier herrschen klare Linien, hell, nordisch und funktionell. Das Interieur harmoniert mit dem Exterieur und der umgebenden Natur.

Rund um die Hütte verläuft ein mit Kieselsteinen gefüllter Graben, der als Regenrinne fungiert. Die Terrasse ist an die umliegende felsige Landschaft angepasst. Das Vordach über den Fenstern im Erdgeschoss ist mit transparenten Wellplatten gedeckt und mit Stahlkabeln verankert.

Das Sofa ist von der dänischen Firma Eilertsen und der Armsessel ist ein Flohmarktfund. Der Esstisch vor den BBB-Regalen aus den 1970er-Jahren ist ein Werk des Möbeldesigners Edvin Helset. Die Laminat-Arbeitsflächen der Küche werden vielleicht später durch Beton ersetzt.

Vom Wegräumen der Feldsteine auf dem Bauplatz bis hin zu den Innenausbauten hat die Familie vieles selbst gemacht. Oft waren es Kari Jannes zündende Ideen, die hier umgesetzt wurden. Die Hängeleuchten bestehen aus Luftballons, Klebstoff und Draht. In einer Zimmerecke liegen Sitzkissen aus grauem Filz, die an Feldsteine erinnern.

Kari Janne ist Journalistin und Redaktionschefin der norwegischen Zeitschrift ROM 123 – Worte sind ihre Welt. Kein Wunder also, dass man hier durchweg Schriftzüge an den Wänden findet. „Vidunderlig" – wunderbar – ist eines von ihren Lieblingswörtern.

GANZ EINFACH WUNDERBAR 163

Schafsmütze,
Leinenkissen und
weiche Stoffe

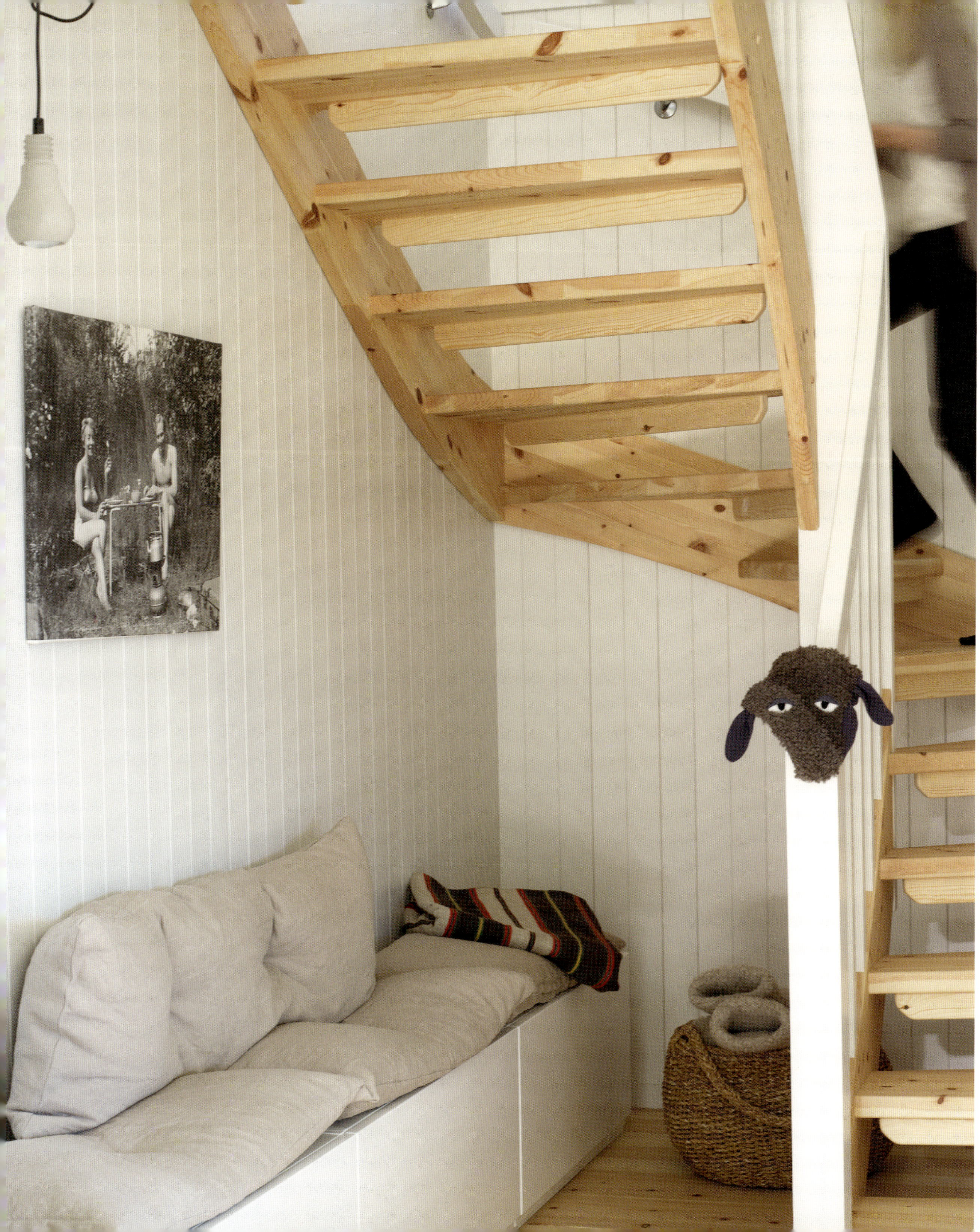

166 NATÜRLICH NORDISCH

GANZ EINFACH WUNDERBAR 167

Botanisch

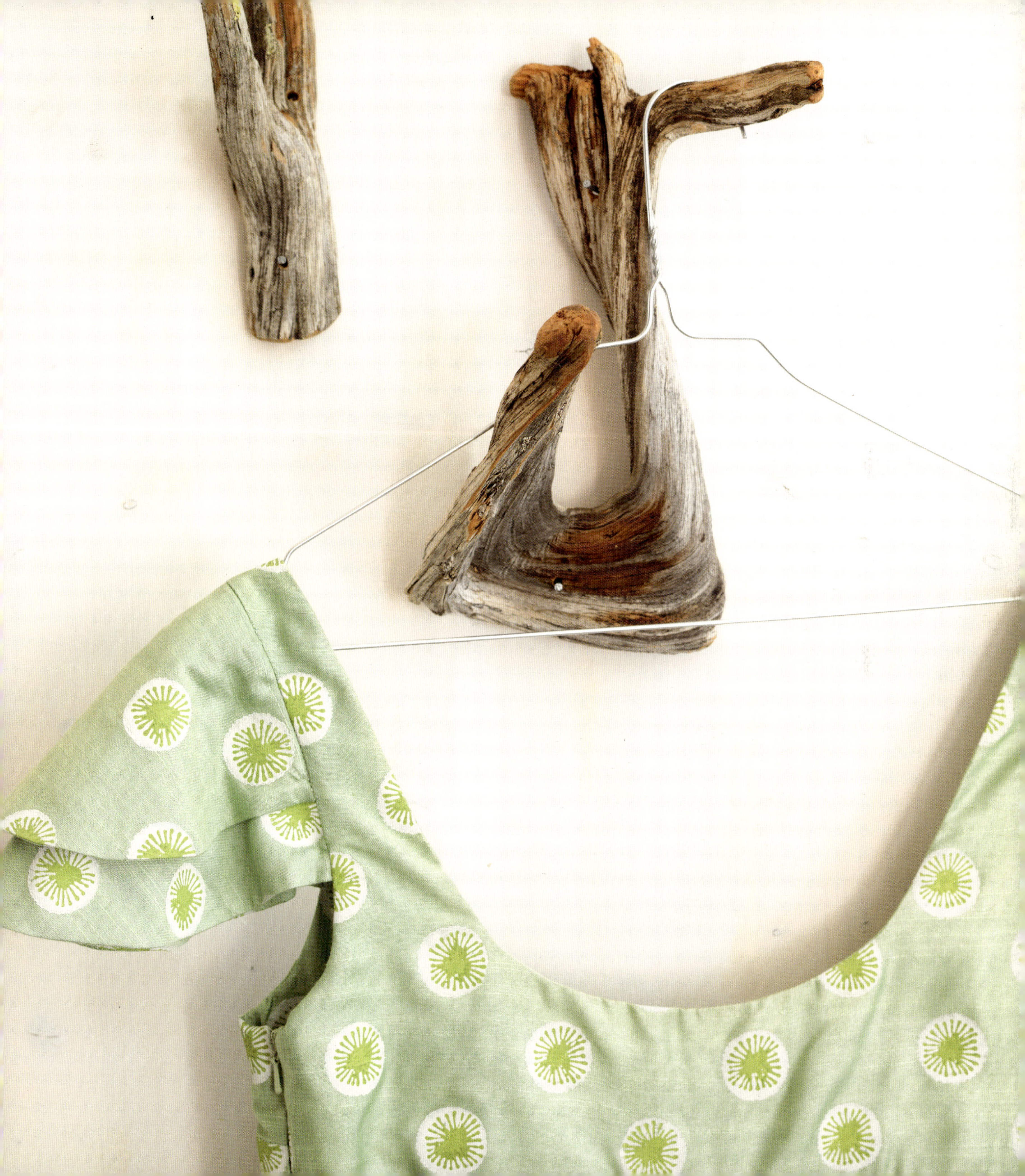

NATÜRLICH NORDISCH

Botanische Ideen:
Tomatenpflanzen, alte
Herbarienbilder, Treib-
holz und Blumenzwiebeln.

BOTANISCH 171

Draußen auf der Landzunge, umringt von Schären und Salzwasser liegt eine verwitterte Holzhütte. Das Wetter kann hier ziemlich extrem sein, mit tosenden Winden und Wellen, die bis weit ins Land hinein schlagen. Der dichte Weißklee legt sich seitwärts im Wind und umringt das Haus wie ein einladender Teppich.

Zwei große Steine vor dem Eingang sind Treppe und Türschwelle zugleich. Über sie gelangt man in eine rustikale, nur 35 Quadratmeter große Welt. Von dem hohen, luftigen Raum sind nur das winzige Bad und die Toilette abgetrennt. Die Balkenkonstruktion stammt noch aus der Zeit, als die Hütte zum Aufbewahren von Fischereiutensilien diente.

Mütterlicherseits stammt die Familie Gran von Fischern ab, aber einer der Onkel wurde Möbeltischler. Von ihm stammt die solide Kücheneinrichtung aus Teak. In den offenen Regalen sind Tassen und Teller ordentlich gestapelt. Die schlanken Esszimmerstühle um den alten Kaffeetisch bekamen einen neuen weißen Anstrich. Wenn Gäste kommen, wird noch eine alte Klappbank mit herangezogen. Das Mobiliar ist typisch für kleine Höfe und Fischerhütten und stammt komplett von Flohmärkten in Norwegen oder den Nachbarländern.

VERWITTERTE FICHTE

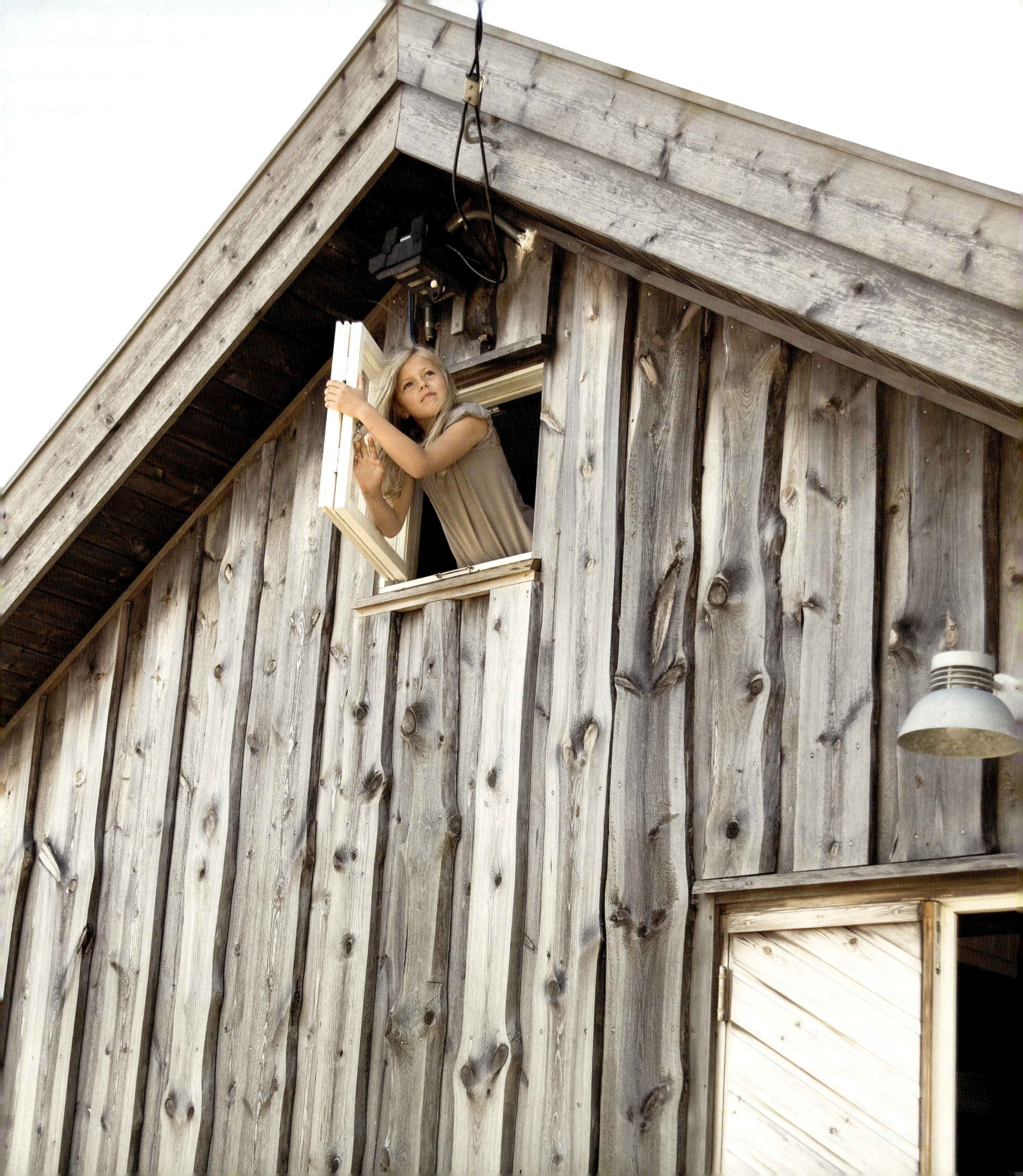

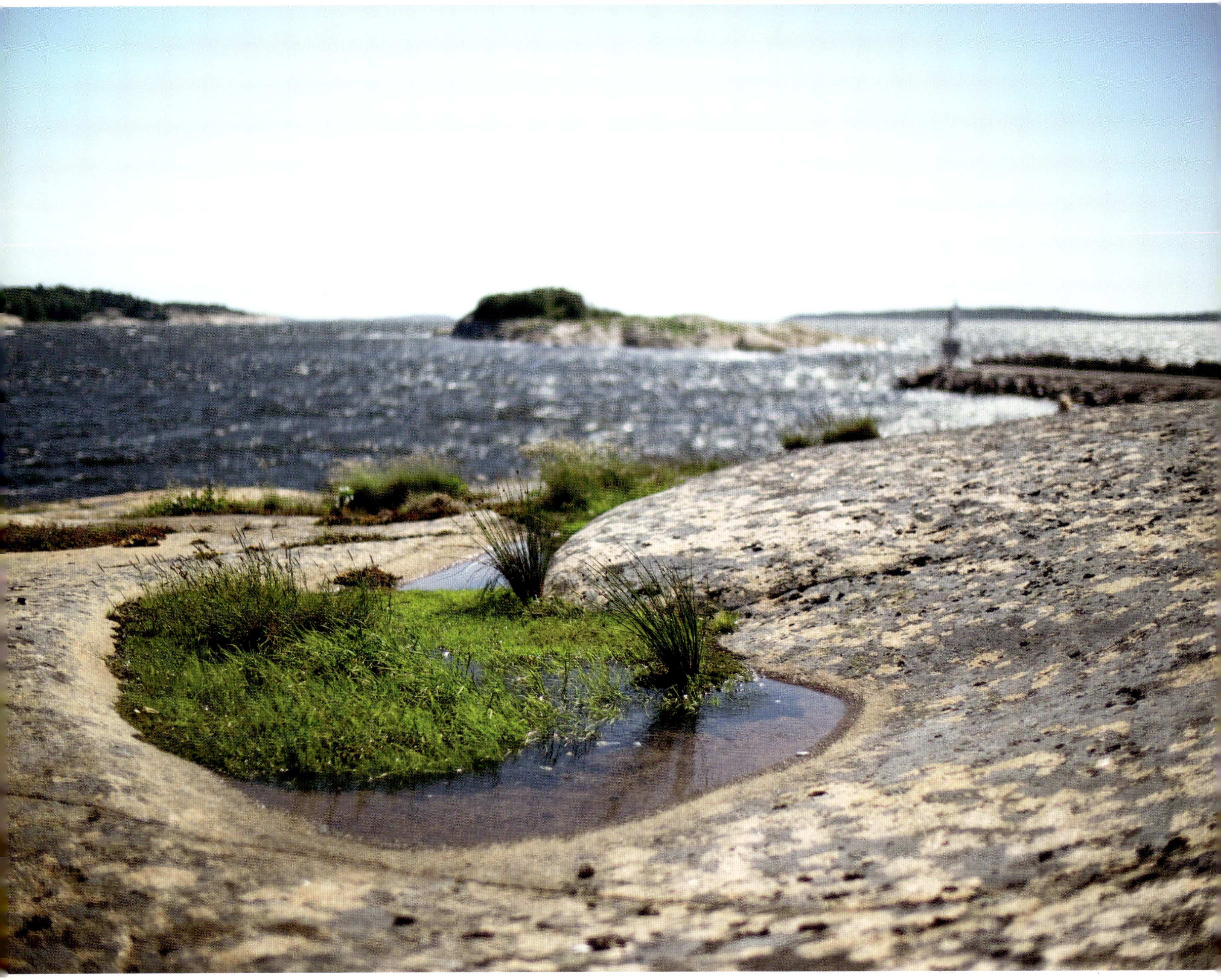

VERWITTERTE FICHTE 175

Strandgut

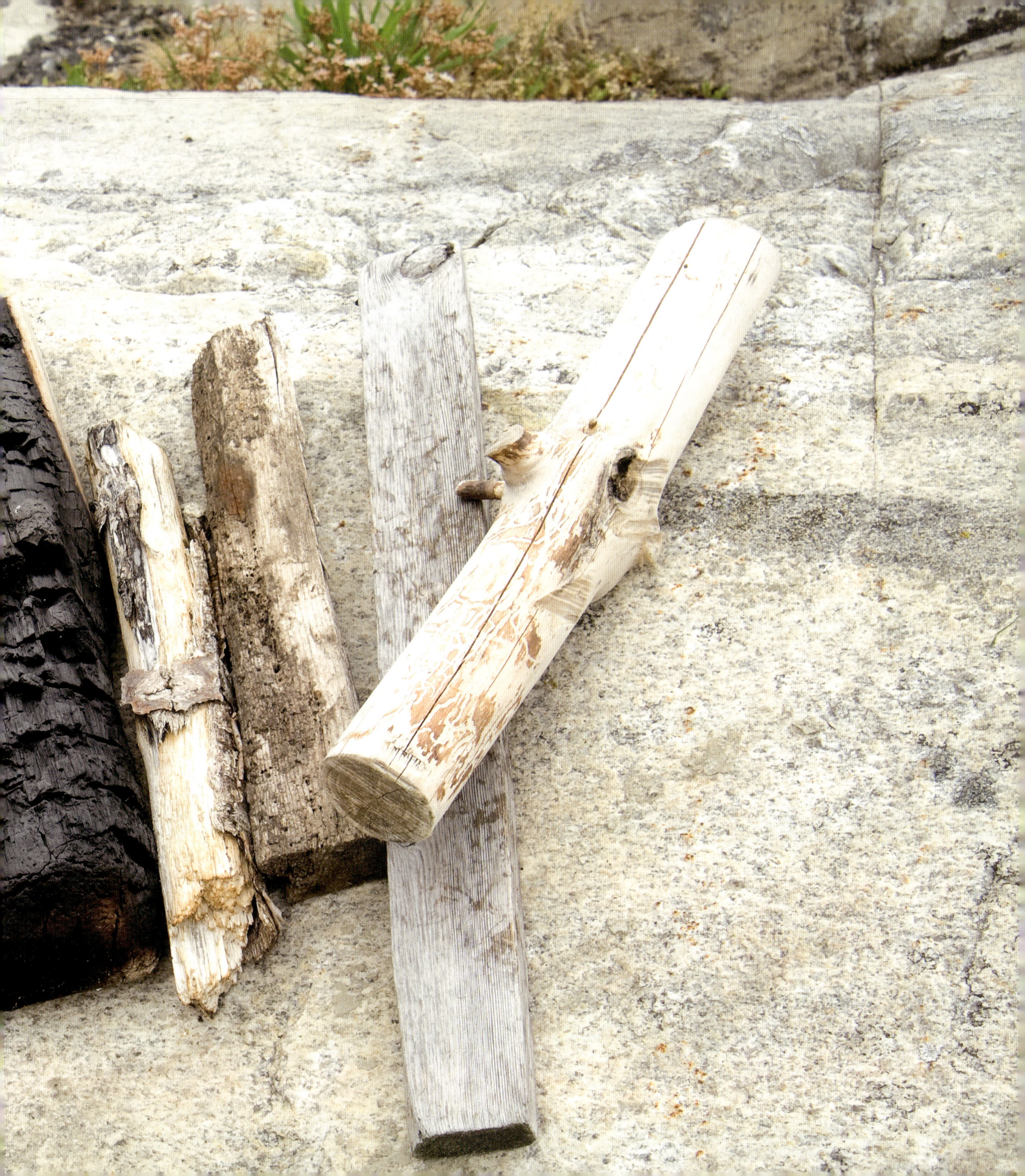

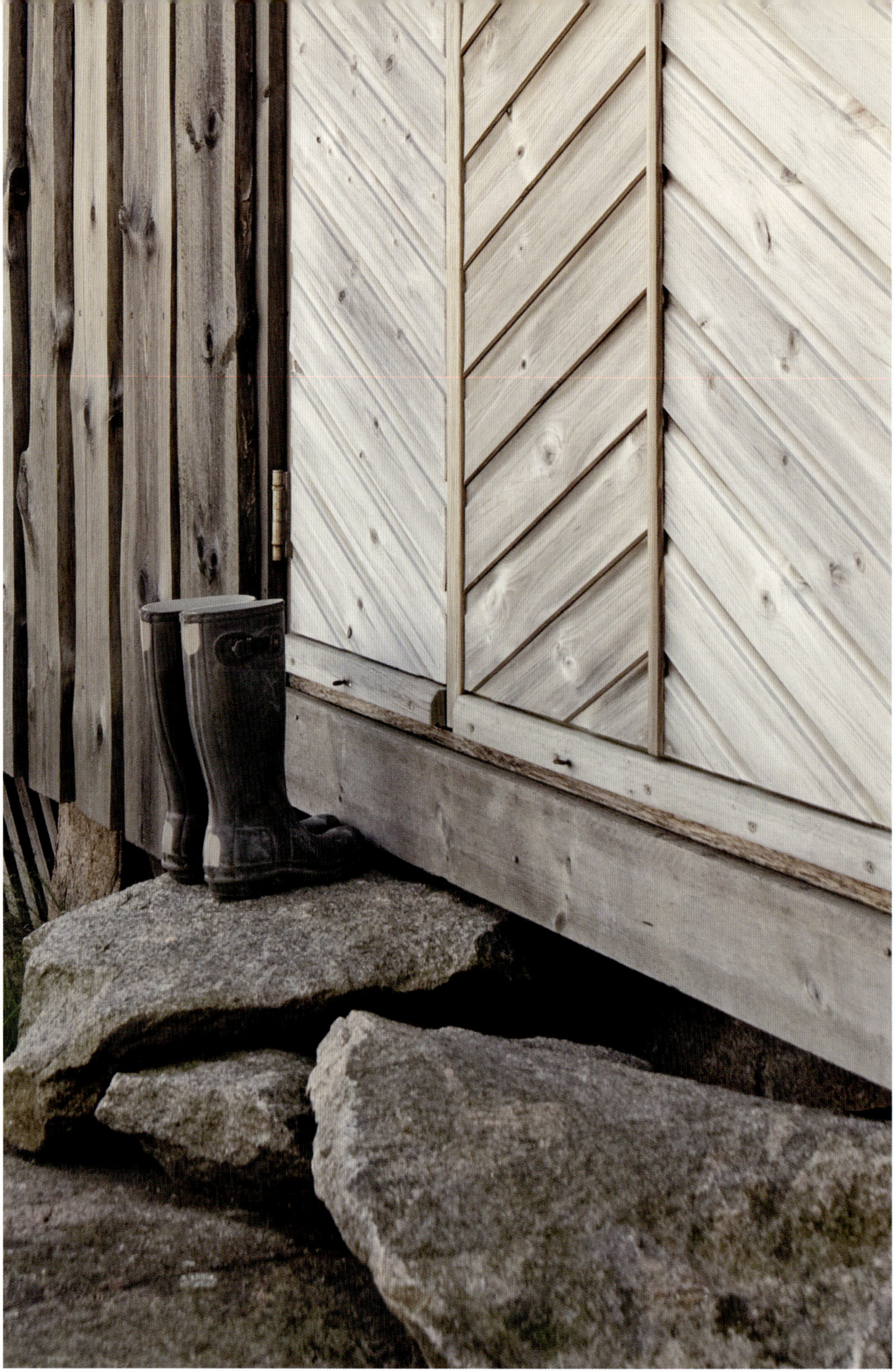

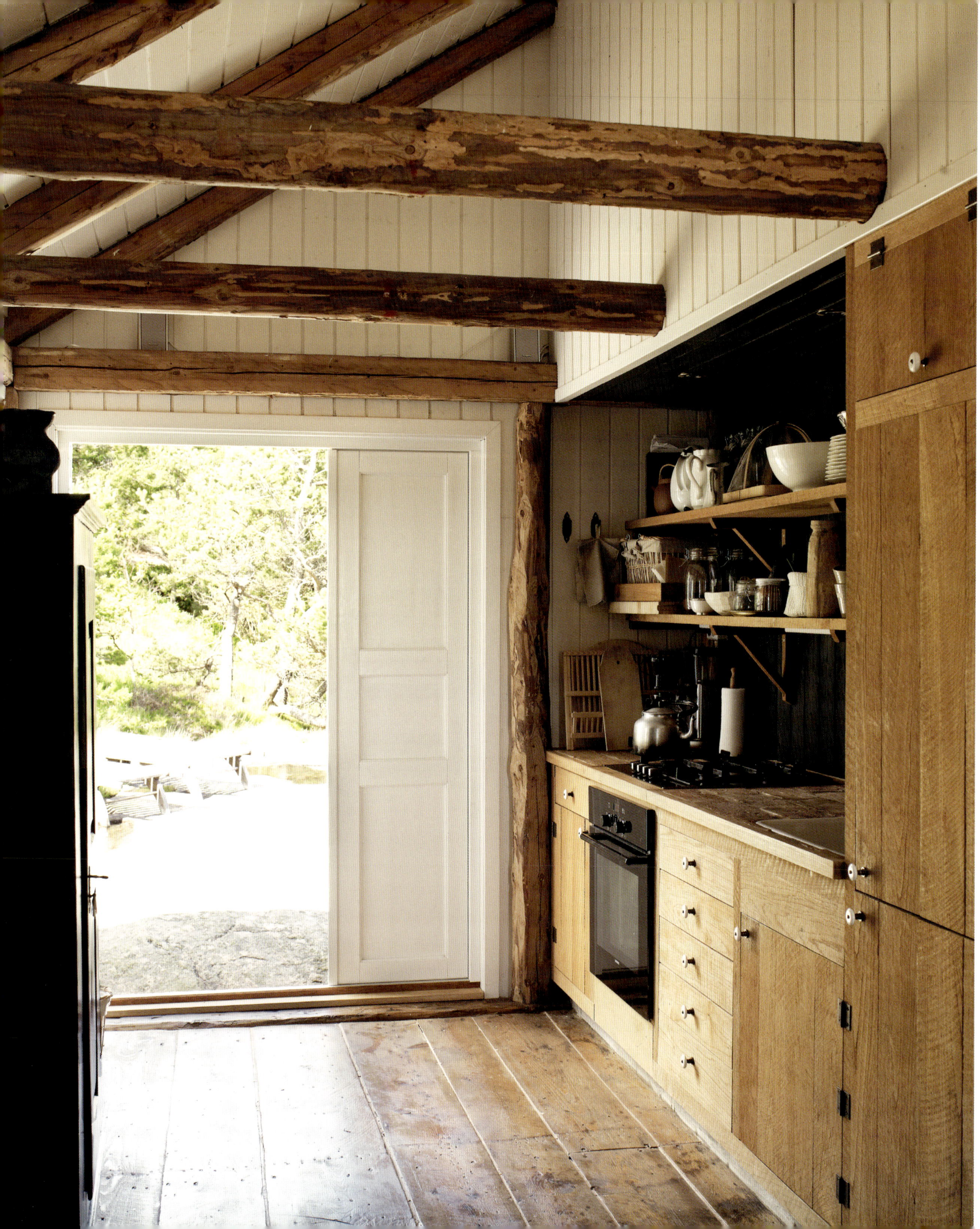

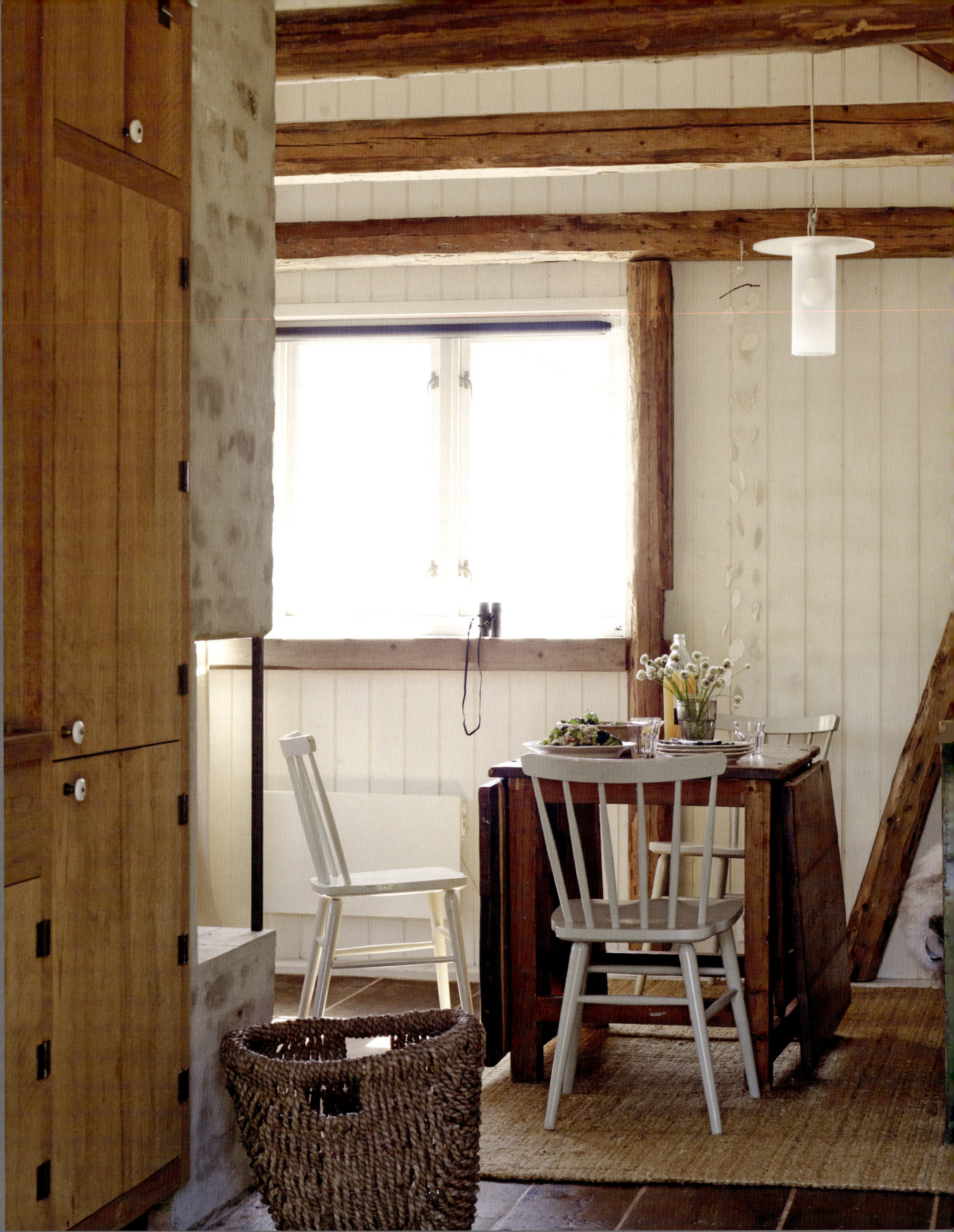

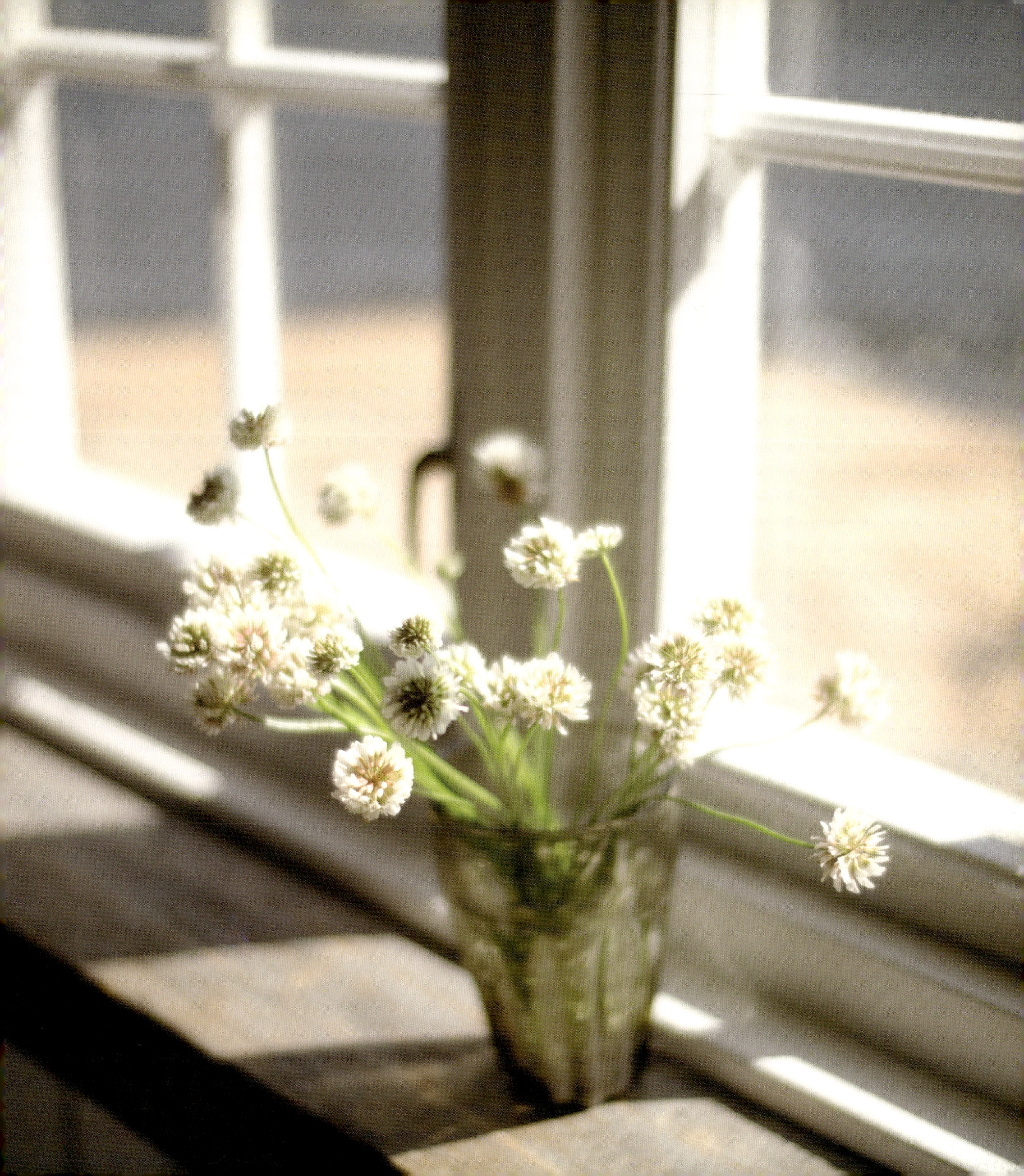

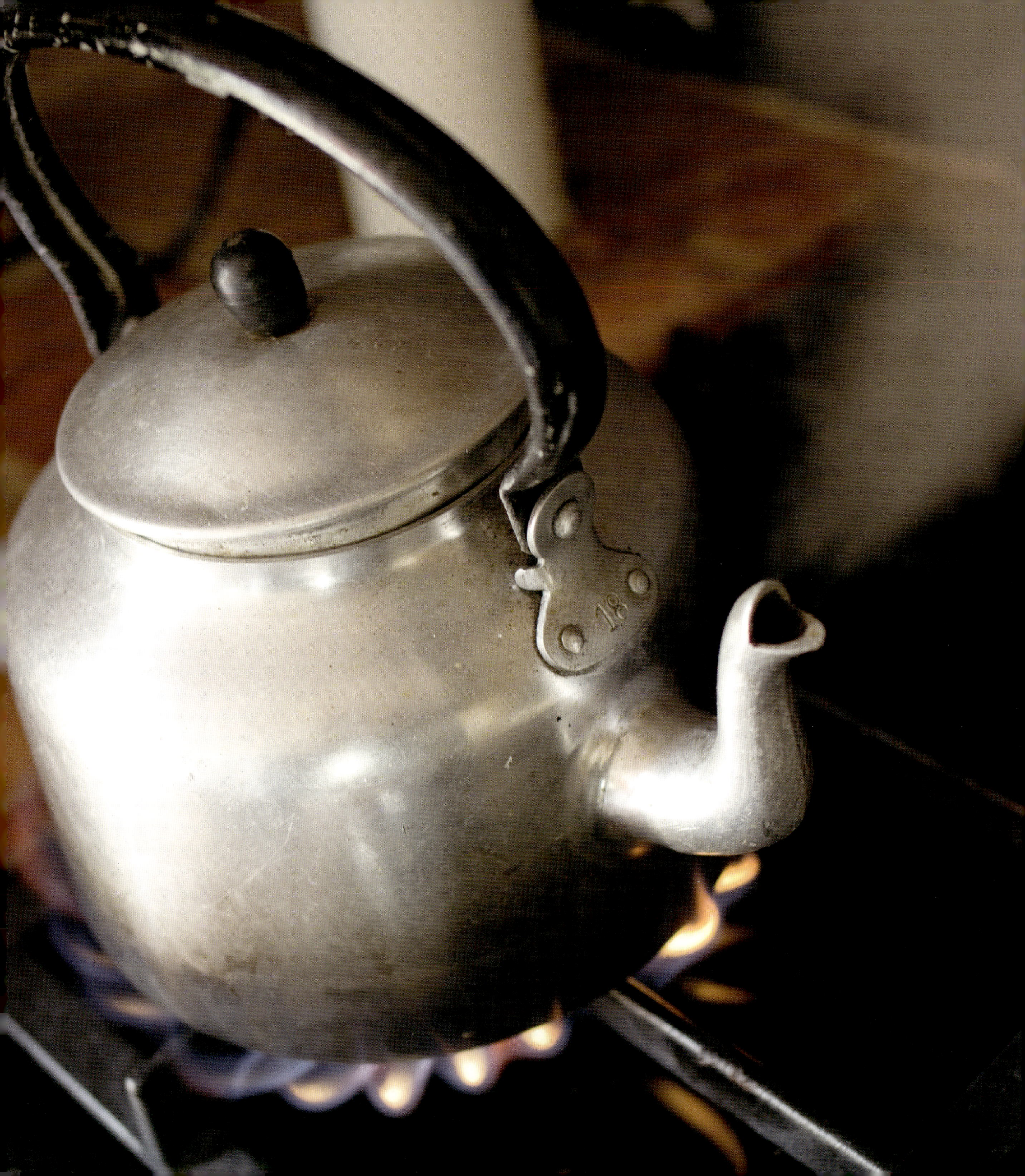

Høyang-Wasserkessel

In dem hellblauen Schrank stehen Schnapsgläser und Spielkarten für lange Abende. Der Schrank wurde auf einer Auktion in der Altstadt von Fredrikstad ersteigert, wo die Familie normalerweise wohnt. Von dort sind es mit dem Auto nur 25 Minuten bis in die Ferienhütte.

Das Architektenehepaar Elisabeth und Emil reist mit den beiden Kindern Luna und Karl so oft hier her, wie es irgend geht. Hier hat schon Elisabeth ihre Freizeit verbracht. Der einfache Stil der Hütte gefällt ihr noch heute und so beschlossen sie und ihr Mann, beim anstehenden Umbau so wenig wie möglich zu verändern.

Unter mehreren Schichten von Fußbodenbelag fand man schöne, massive Bodenbretter, die heute einen schönen Kontrast zu den weiß gestrichenen Wänden bieten. Eine Wand ist ganz mit Kupferblech verkleidet, ein Material, mit dem sonst Schiffsrümpfe beschlagen werden. Durch eine Schiebetür gelangt man ins Elternschlafzimmer mit dem einfachen Doppelbett und einem Regal aus Treibholz für Leselampe und Bücher. Eine kleine weiße Treppe führt auf den Schlafboden der Kinder.

Wenn es das Wetter erlaubt, verbringt die Familie die meiste Zeit im Freien. Auf den Schären ist reichlich Platz zum Spielen und Ausruhen. Die einfachen Gartenmöbel werden einfach an den gewünschten Sonnen- oder Schattenplatz gezogen. Im Windschatten hinter dem Haus befinden sich eine Dusche und eine wettergegerbte Außenküche. Große Steine verhindern, dass die Türen bei Wind zuschlagen.

VERWITTERTE FICHTE 185

Dekorative

Kupferleitungen

Hühnerleiter zur Schlafstube

VERWITTERTE FICHTE 189

190 NATÜRLICH NORDISCH

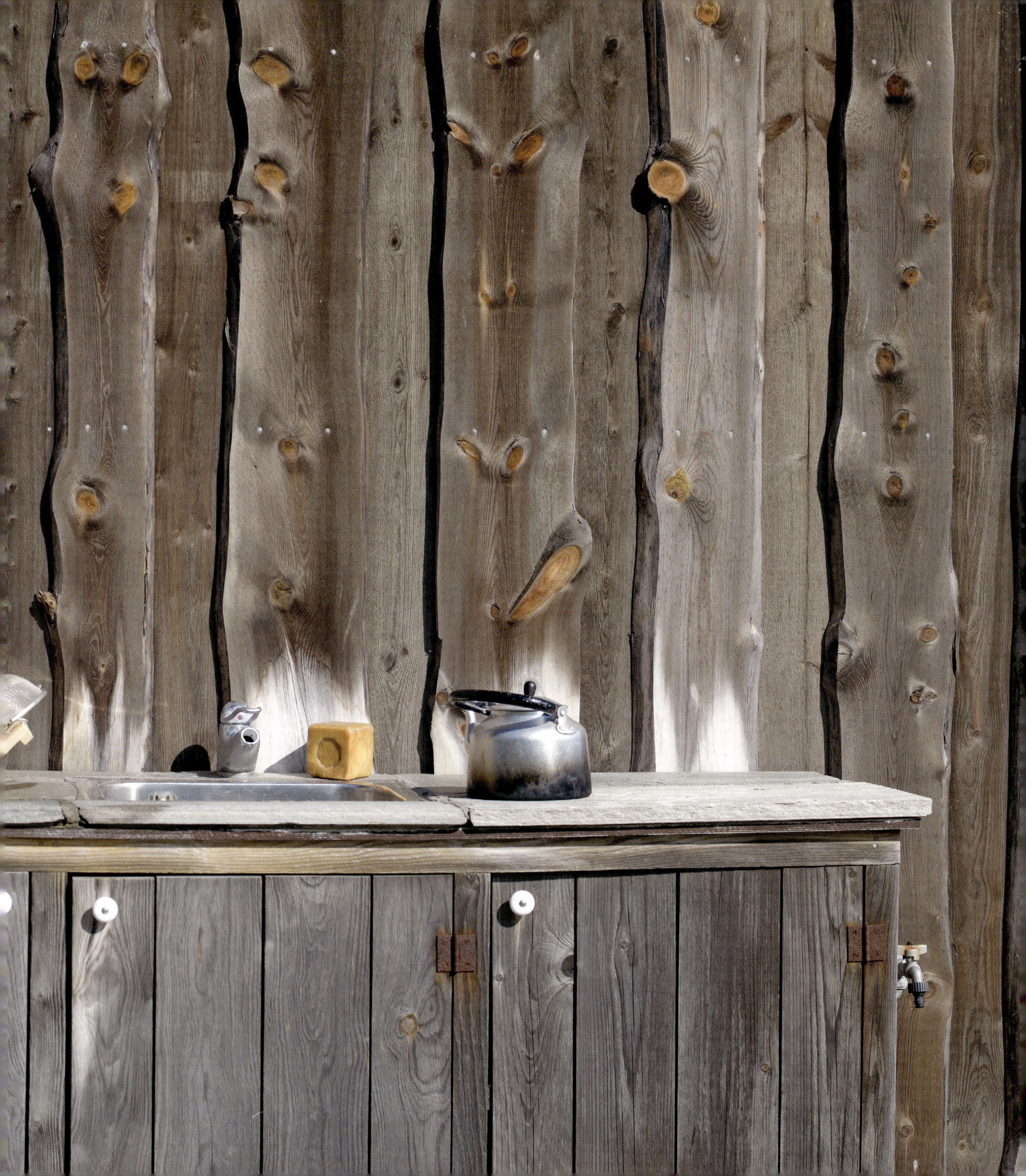

Zweige und Äste

Ich liebe die grafische Schönheit von Zweigen. Jeder einzelne hat eine andere Kontur. Ich dekoriere viel mit Ästen und Zweigen - eigentlich mehr als mit Blumen. Mir gefällt das Natürliche und Zufällige in ihrer Form und die Art, wie sie sich im Raum entfalten. Ob frisch vom Baum oder als Strandgut, Zweige sind ein einfaches und dankbares Material.

Wenn man mitten im Winter eine Handvoll Birkenzweige ins Wasser stellt, entfalten sich bald hellgrüne Blattspitzen als Frühlingsvorboten.

Äste, die lange im Wasser gelegen haben, verlieren Rinde und Zweige und nehmen allmählich eine schöne silbergraue Farbe an. Dekoratives Treibholz findet man eigentlich überall - in Bächen, an Seeufern und am Strand.

NORDISCHES

Von der Seeseite aus wirkt es, als hätte das von Code: Arkitektur AS entworfene Haus Lust auf eine ordentliche Portion Salzwasser, blauen Himmel und Meerblick. Das hervorstehende Dach gibt dem freihängenden Balkon Sonnenschutz und dieser wiederum schützt den Sitzplatz auf der Terrasse im Erdgeschoss. Durch die großen Fenster gehen Drinnen und Draußen fließend ineinander über.

Der Garten wurde nach Feng Shui-Prinzipien angelegt. Das Auge wird von kunstvoll angelegten Linien und Formen rund um die Bepflanzung aus Bambus, exotischen Gräsern und japanischer Fichte geführt. Wandelpfade aus Schieferplatten harmonieren mit unbehandeltem Beton, Kieseln und Granit. Das silbergraue Lärchenholz der Eingangstreppe schafft einen natürlichen optischen Übergang von draußen nach drinnen. Das Haus ist mit weißen Holzpaneelen von unterschiedlicher Breite verschalt, deren Anordnung sich in regelmäßigen Abständen wiederholt.

FENG SHUI

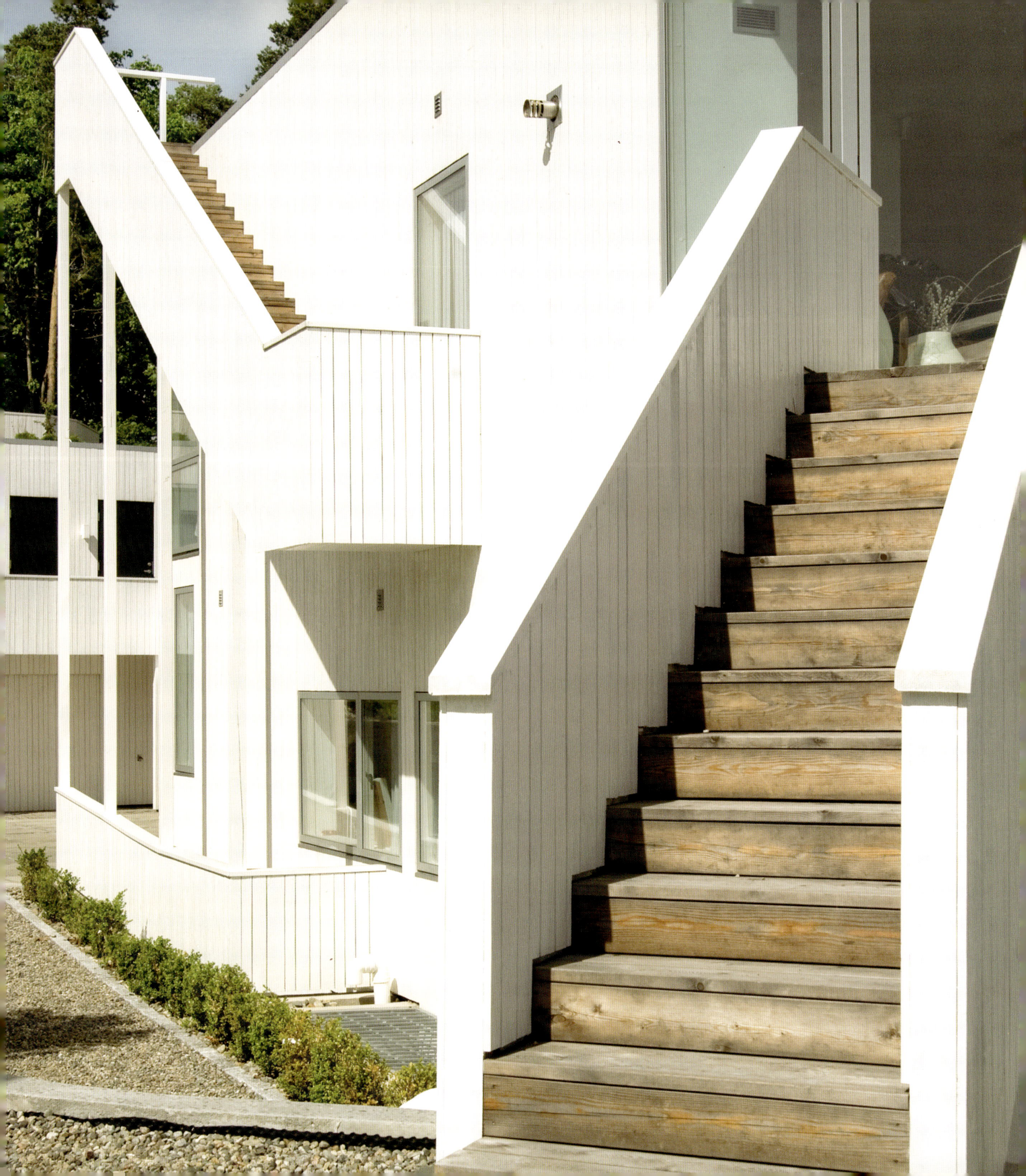

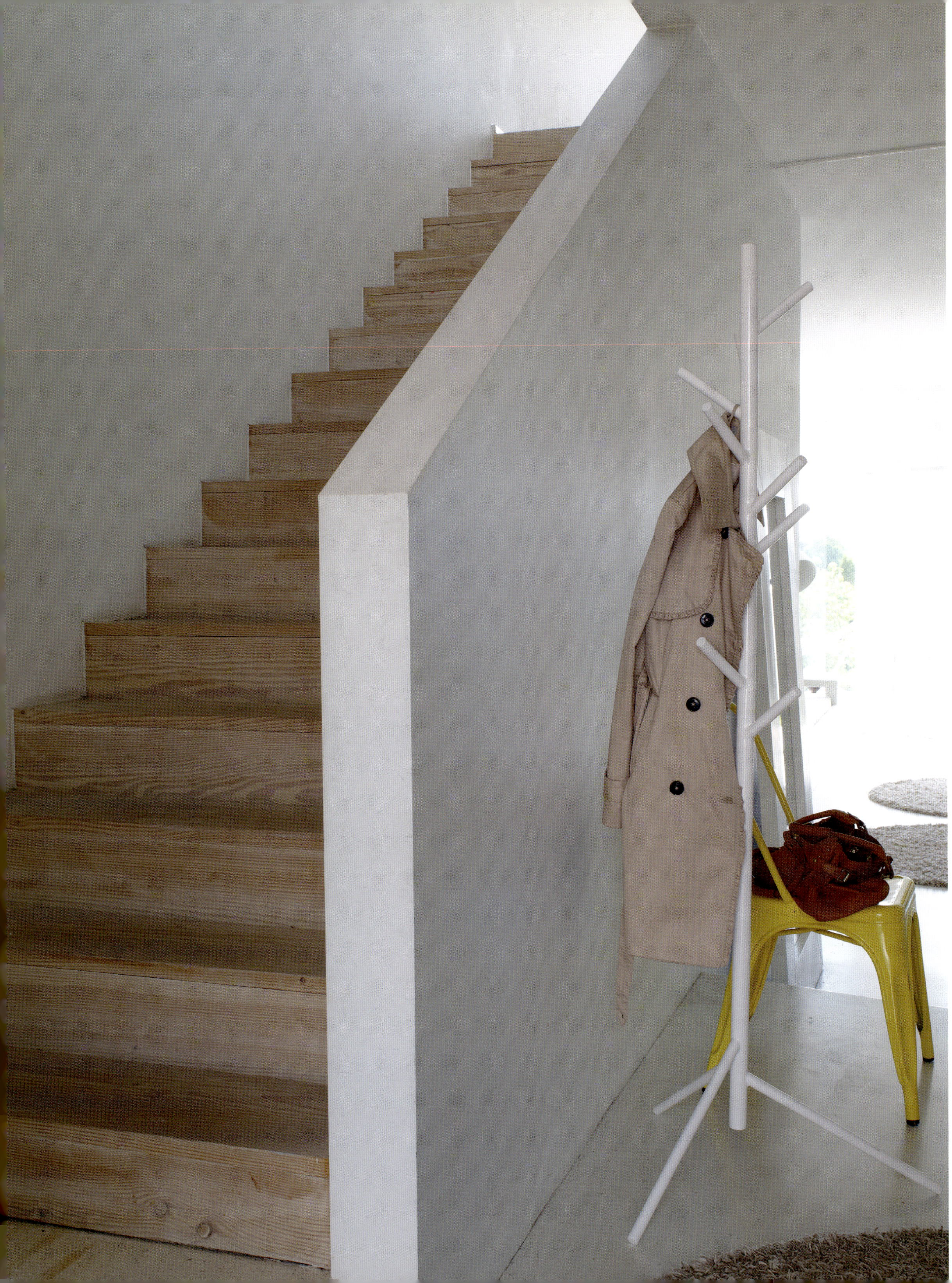

Als nächstes Gartenprojekt ist ein Wasserspiel geplant. Oder vielleicht ein Teich oder ein Bassin. Durch den Wassermangel draußen genießt Heidi die nur einen Meter von ihrem Bett entfernte Badewanne umso mehr. Sie beginnt jeden Morgen mit einem Bad. Heidi ist Mitinhaberin der Technologieberatungsfirma Smartworks und wohnt hier mit ihrem Mann Andreas und den drei Kindern Aurora, Benjamin und Jakop.

Vom Flur aus gelangt man direkt in den großen Wohnraum mit einem breiten, mit der Wand verankerten Sofa voller weicher Kissen. Der Raum wirkt leicht und spielerisch mit viel goldgelben Holztönen, großen Bodenkissen, lustigen Leuchten und einem Schrank voller Spielsachen. Die Zimmer der Kinder liegen nebeneinander im ersten Stock. Im darunterliegenden Geschoss befindet sich ein großer Raum, den sie später nach eigenen Vorstellungen nutzen dürfen.

Der Gemeinschaftsraum im ersten Stock gehört jedoch der ganzen Familie. Der Fußboden aus Douglasfichte harmoniert wunderbar mit Hans Wegners Y-Stühlen aus geseifter Eiche und hatte bei der Einrichtung allerhöchste Priorität. Die Küche wurde nach Heidis eigenen Entwürfen von einem Möbeltischler angefertigt. Die übrige Kücheneinrichtung stammt von Kvik.

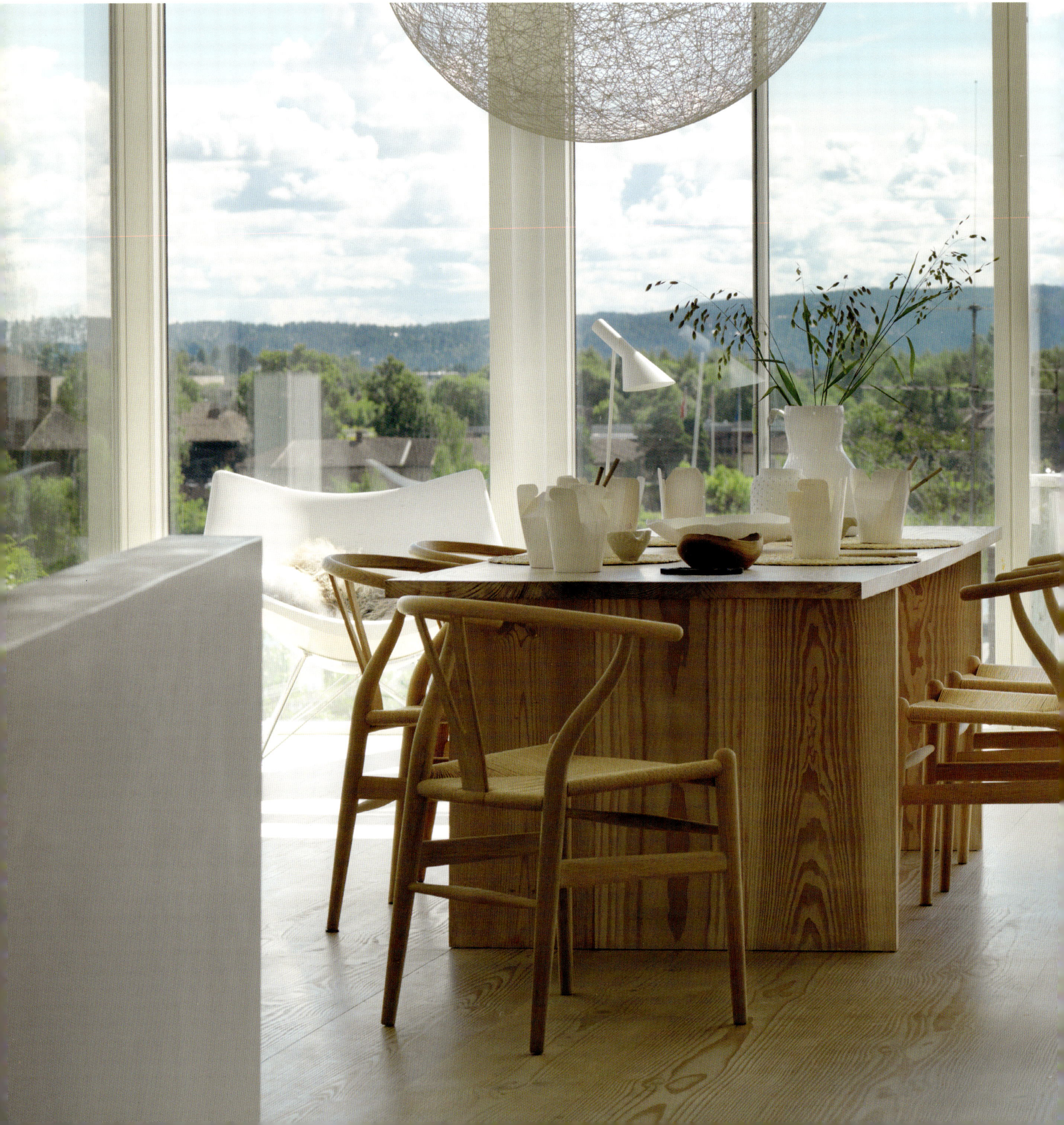

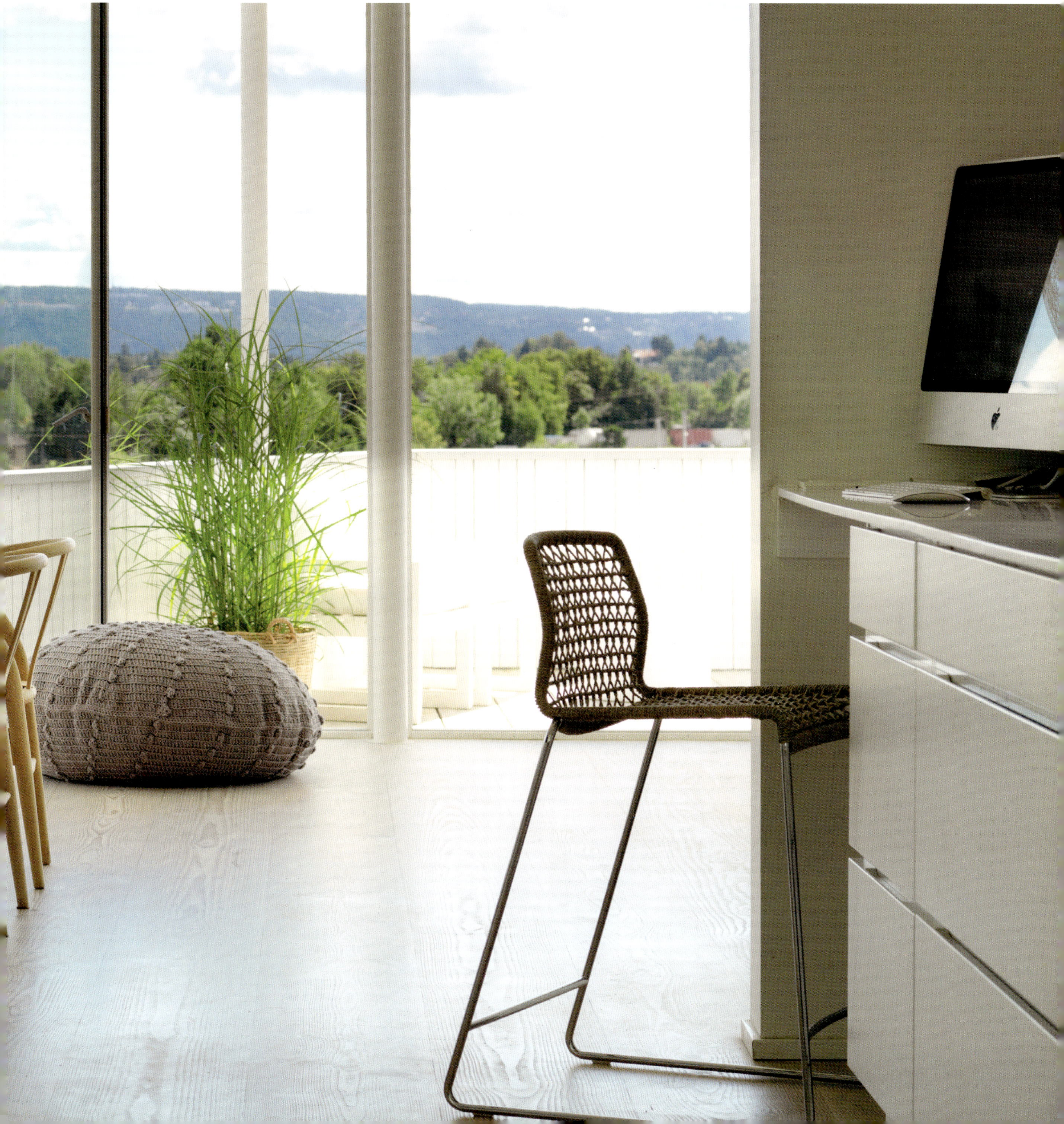

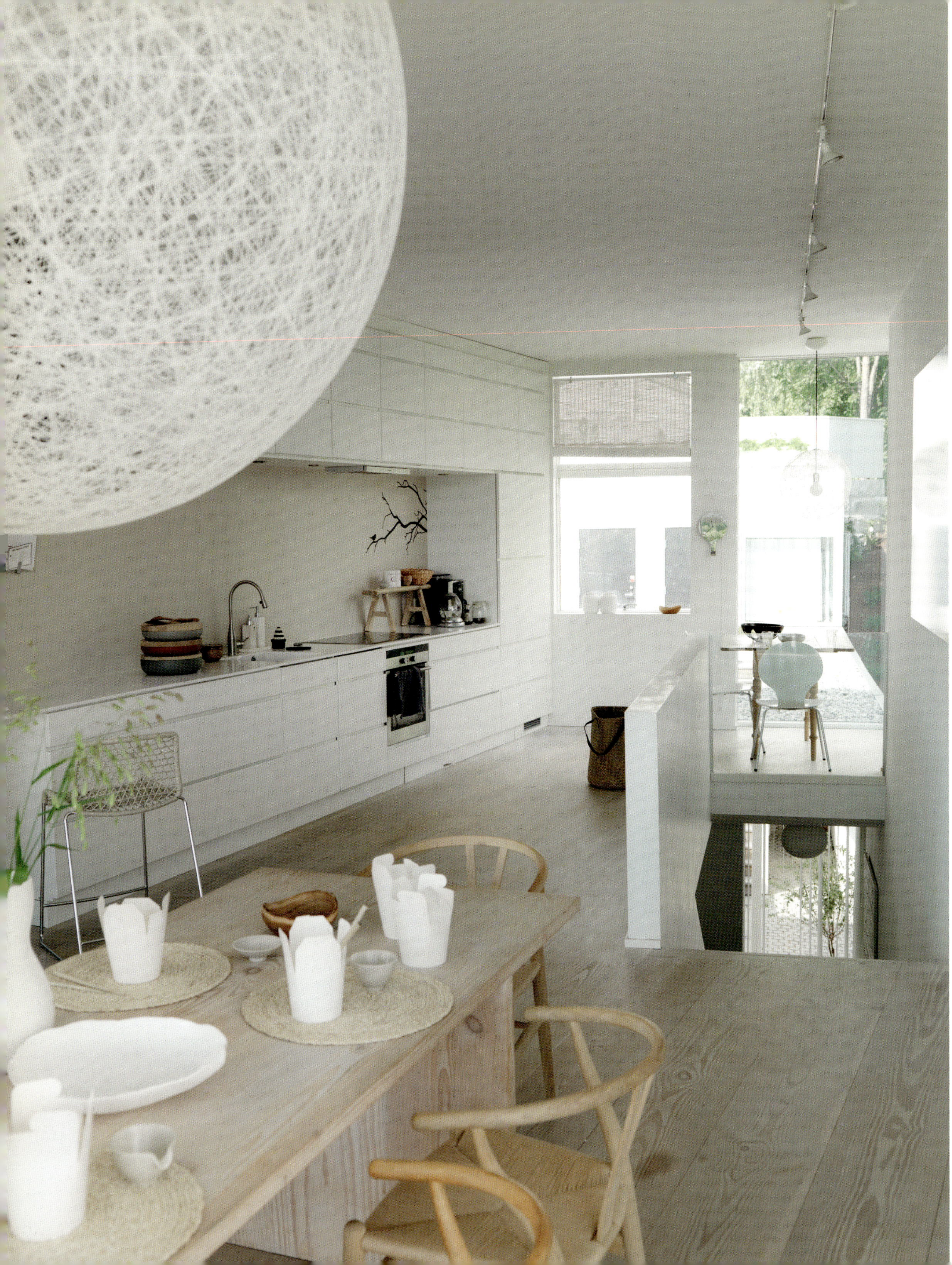

NORDISCHES FENG SHUI 201

Schiefer, Zement, Ziegel und Holz

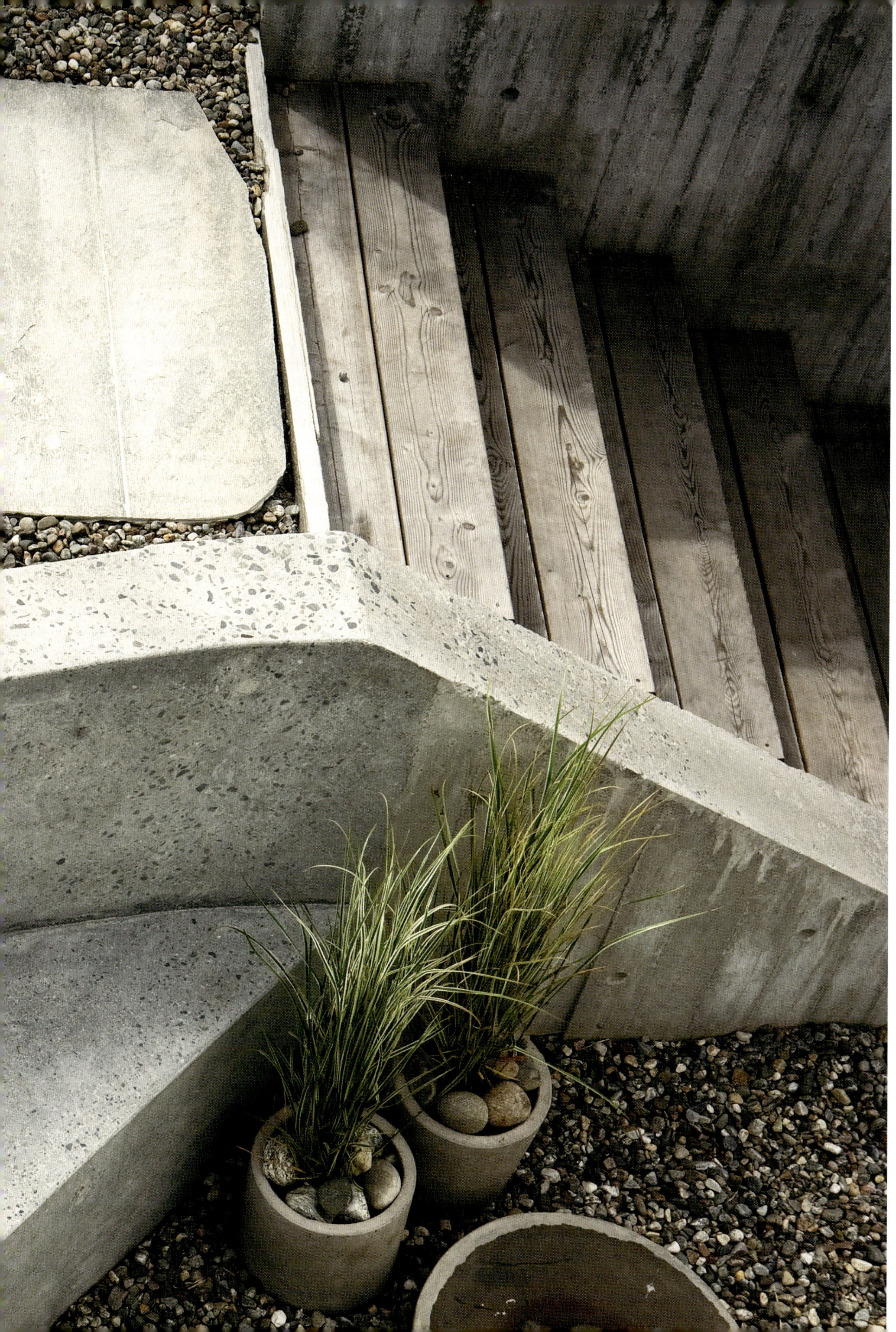

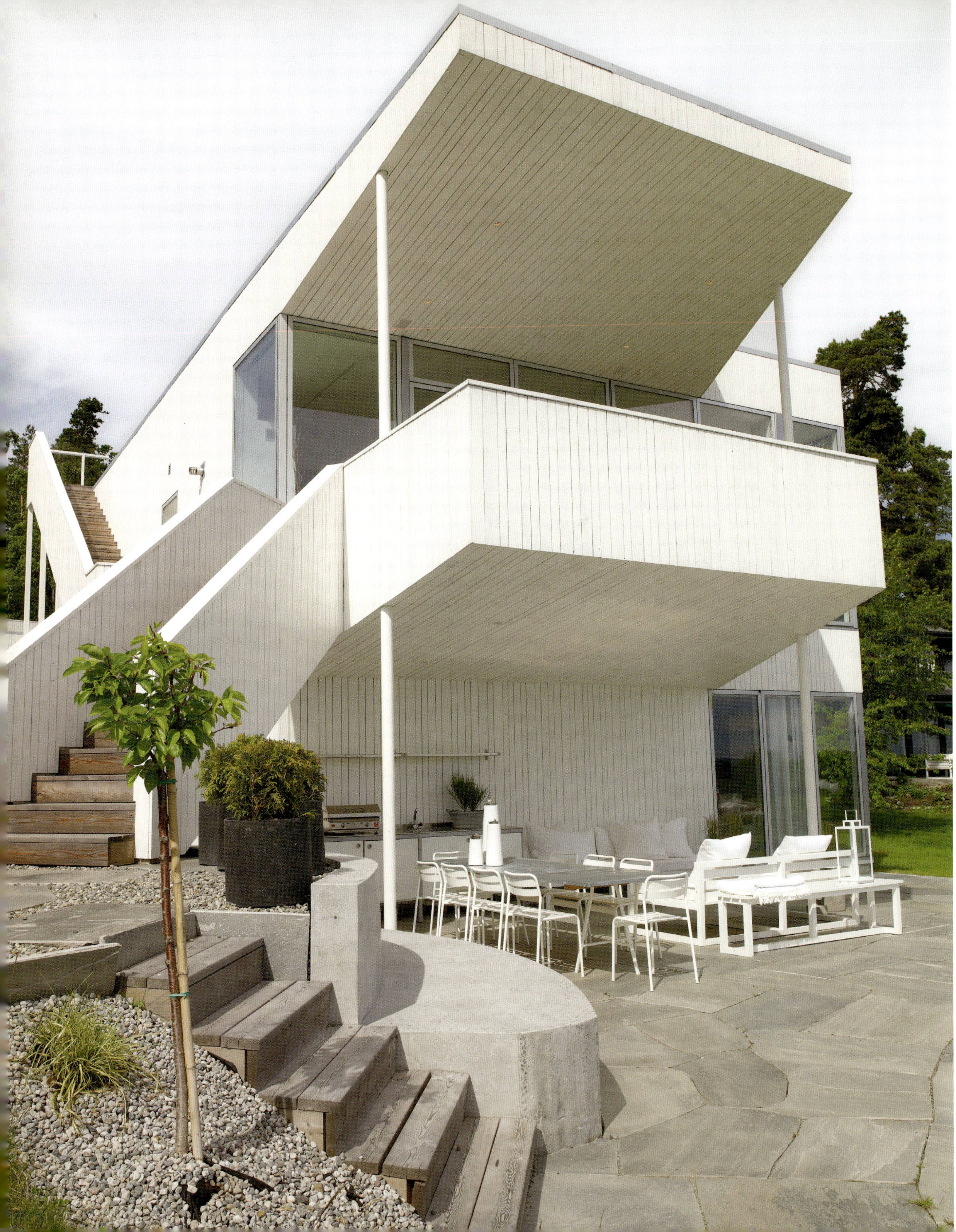

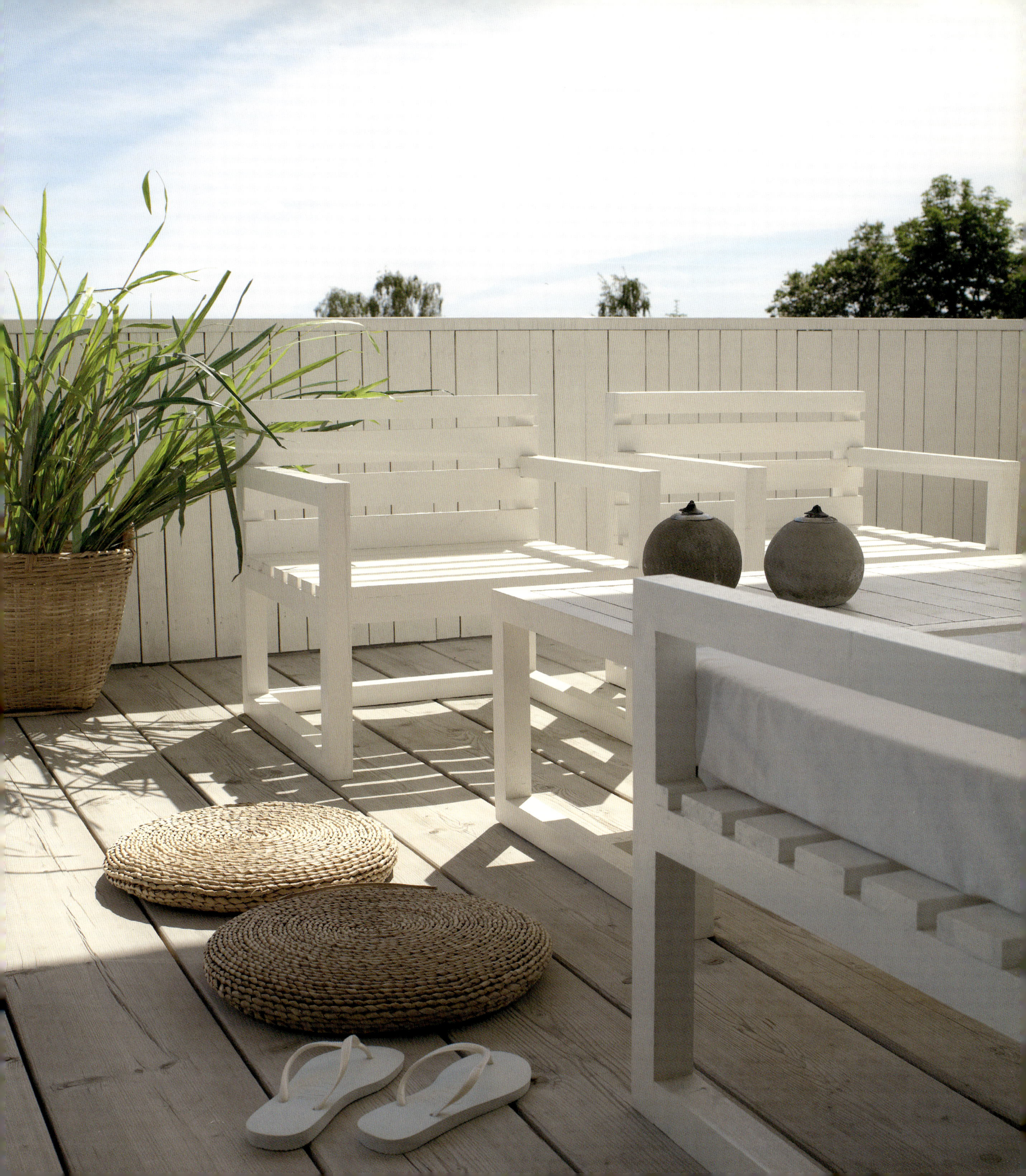

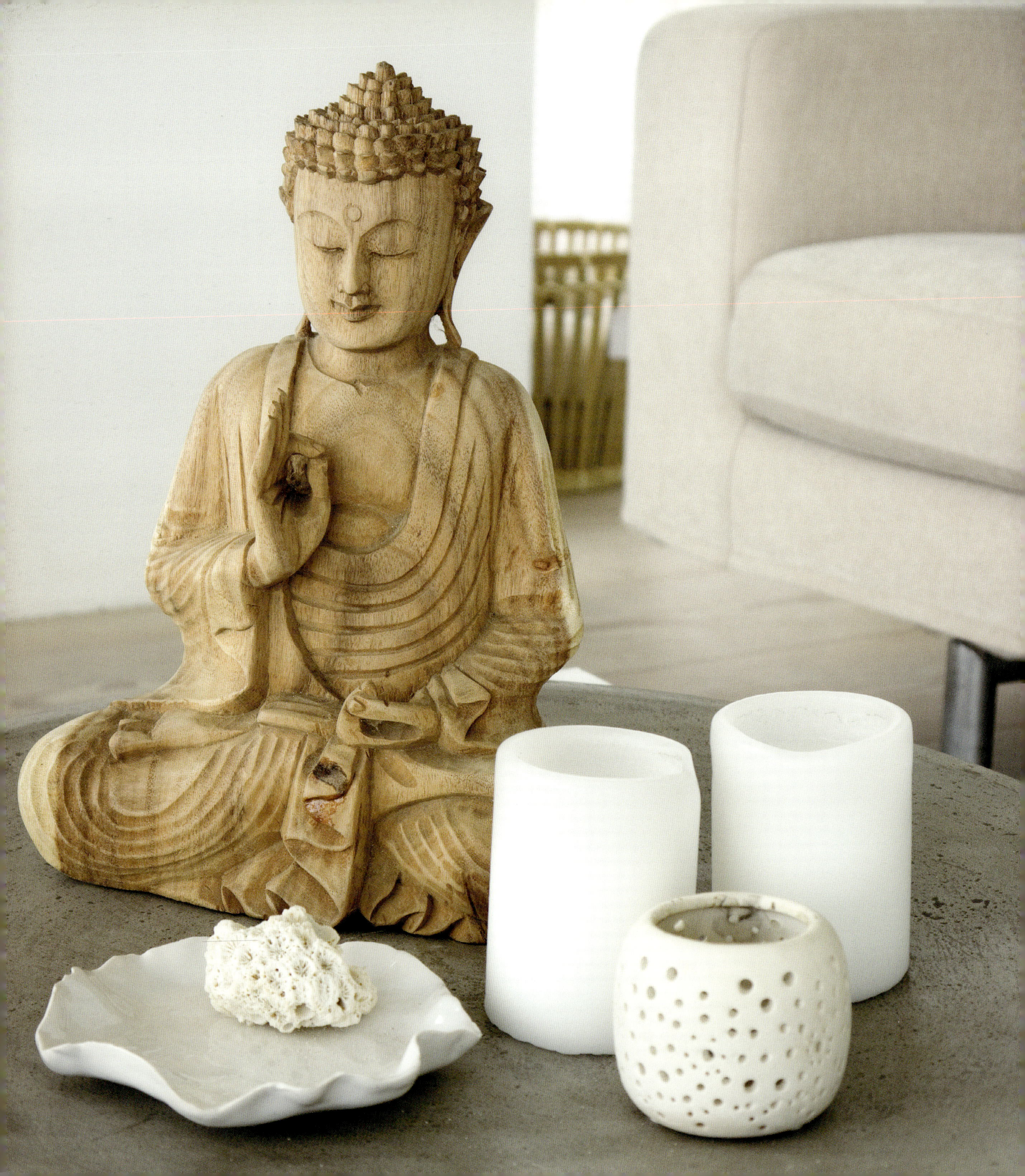

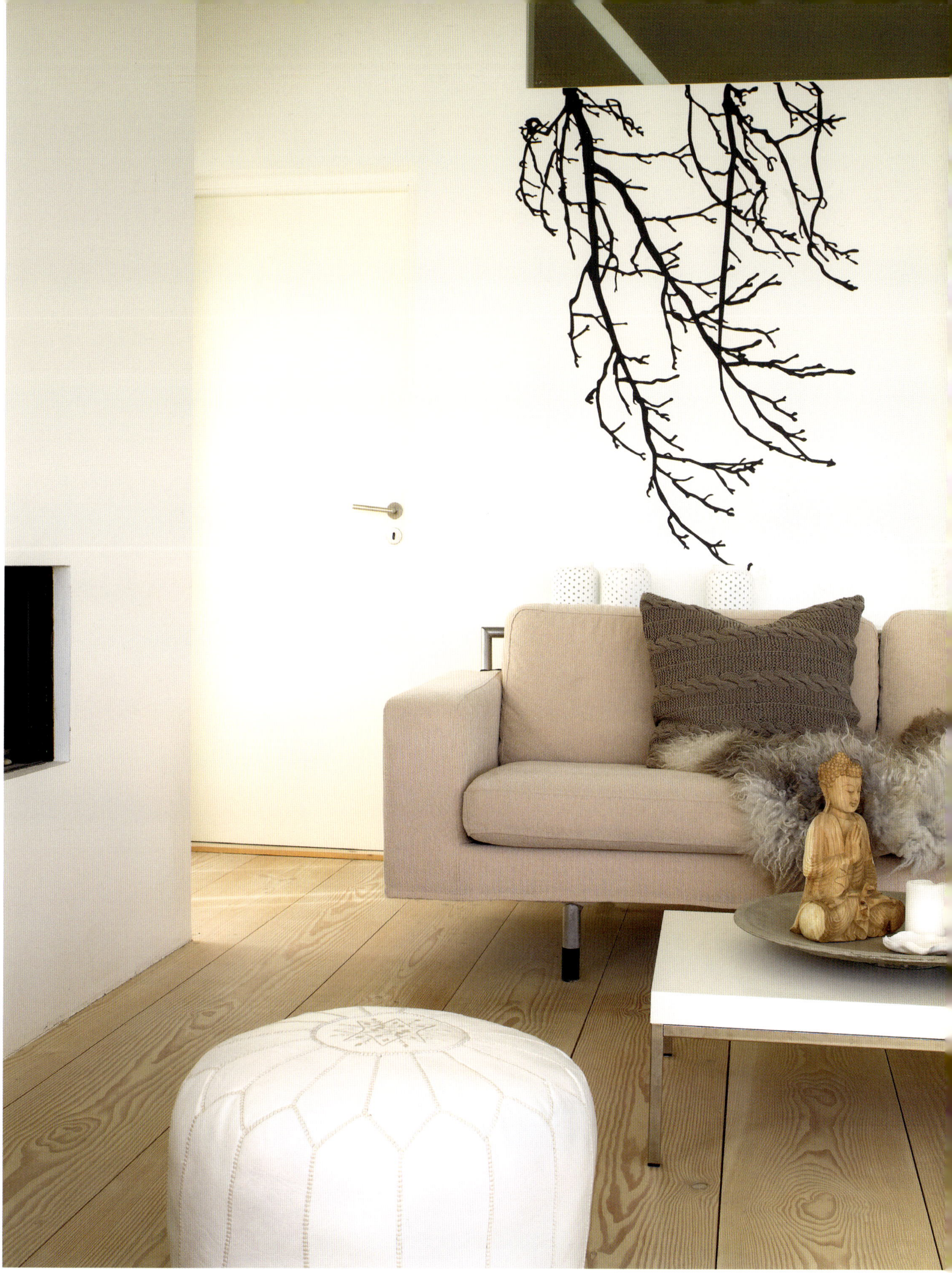

208 NATÜRLICH NORDISCH

NORDISCHES FENG SHUI

HERZSTEINE

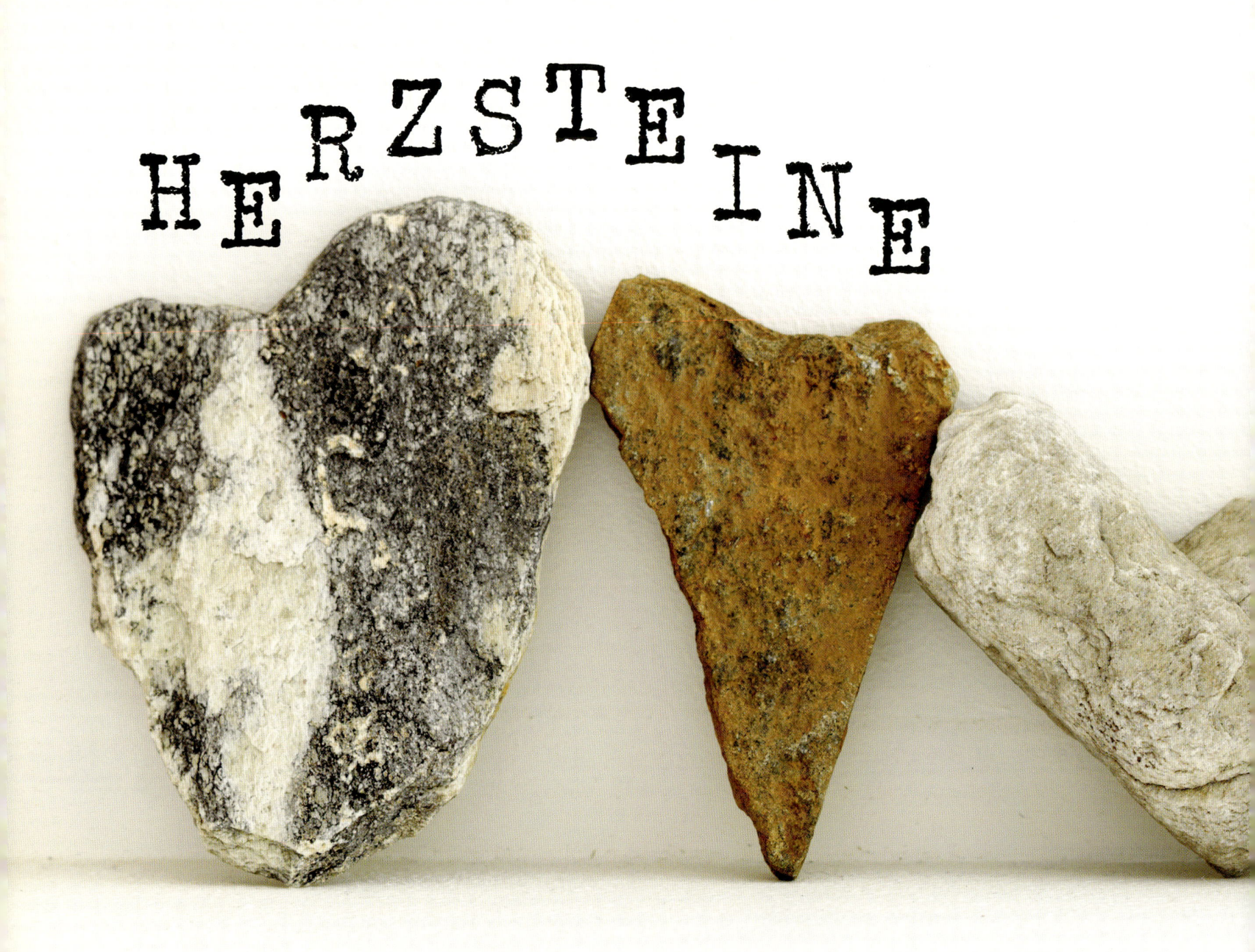

Ich mag Herzen, besonders solche, die ich in freier Natur finde, denn sie sind nicht so perfekt ausgeformt. Wann immer mir solche Herzformen begegnen, ob rund geschliffen vom Wasser oder mitten im Geröll eines Bergpfades, muss ich sie einfach mitnehmen. inzwischen habe ich zu meiner Freude festgestellt, dass ich nicht die Einzige bin, die Herzsteine sammelt.

Wir haben auf den ersten Spaziergängen mit den Kindern
damit angefangen. Wenn man sich beim Finden des perfekten
Steins gegenseitig ausstechen könnte, macht das Wandern
noch einmal soviel Spaß. Nach einer Weile jedoch muss man
eine strenge Auswahl der Herzen treffen, die auf Kamin-
sims oder Fensterbank einen Platz bekommen, damit sie
nicht überhand nehmen.

TRAUM
HAUS

Auf ihren Spaziergängen durch die Nachbarschaft kamen Heidi und Torger oft an dem hübschen Rektorenhaus aus den 1960er-Jahren vorbei. Der große Garten war einmal eine Baumschule gewesen, was man an den Mengen von Obstbäumen, Beeren- und Ziersträuchern noch gut erkennen konnte. Als das Haus zum Verkauf angeboten wurde schlugen die beiden sofort zu. Die Fassade und die ursprüngliche Raumaufteilung blieb, die Räume jedoch wurden von Grund auf renoviert, wobei man den besonderen Charakter des Hauses stets im Auge behielt.

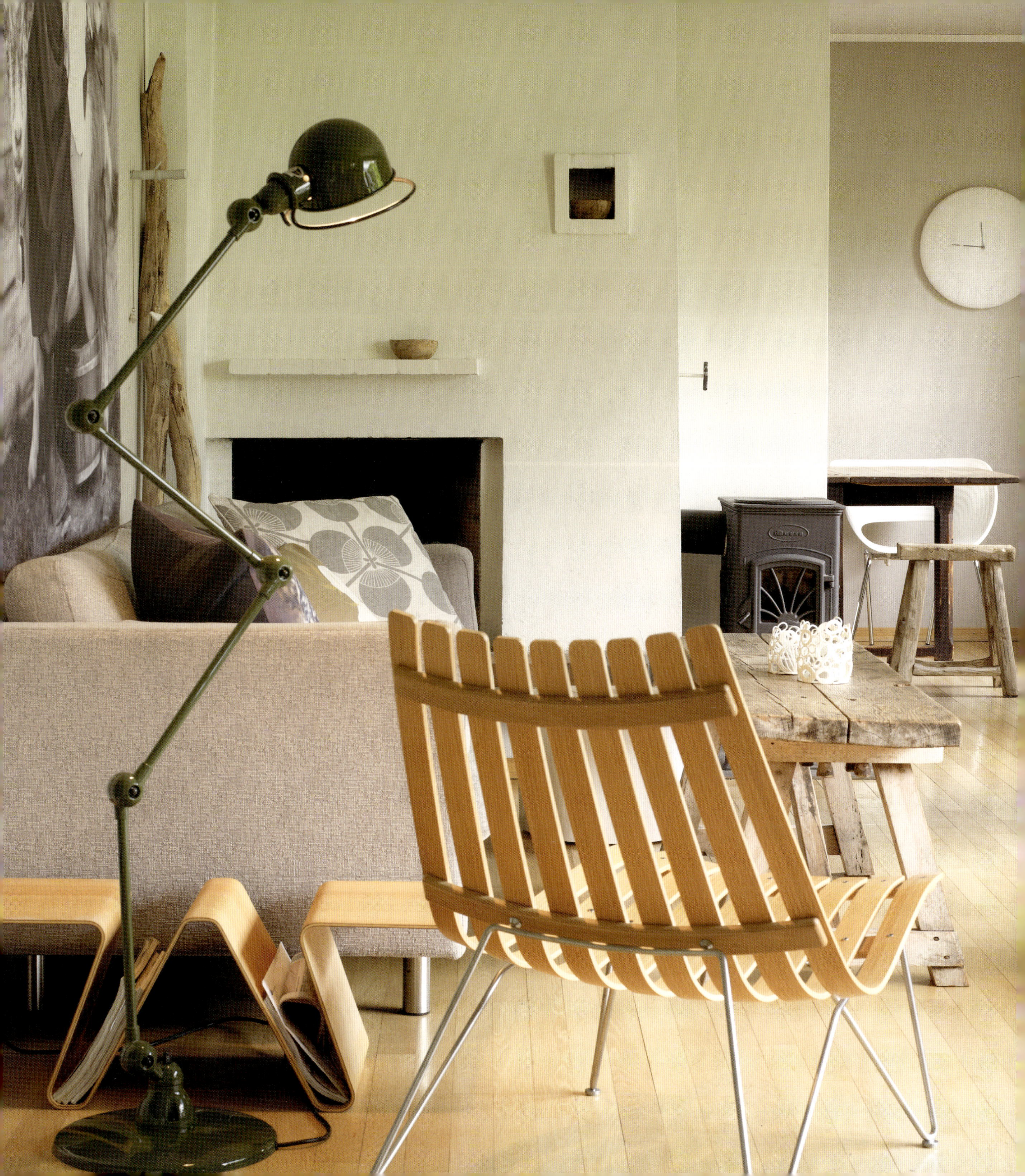

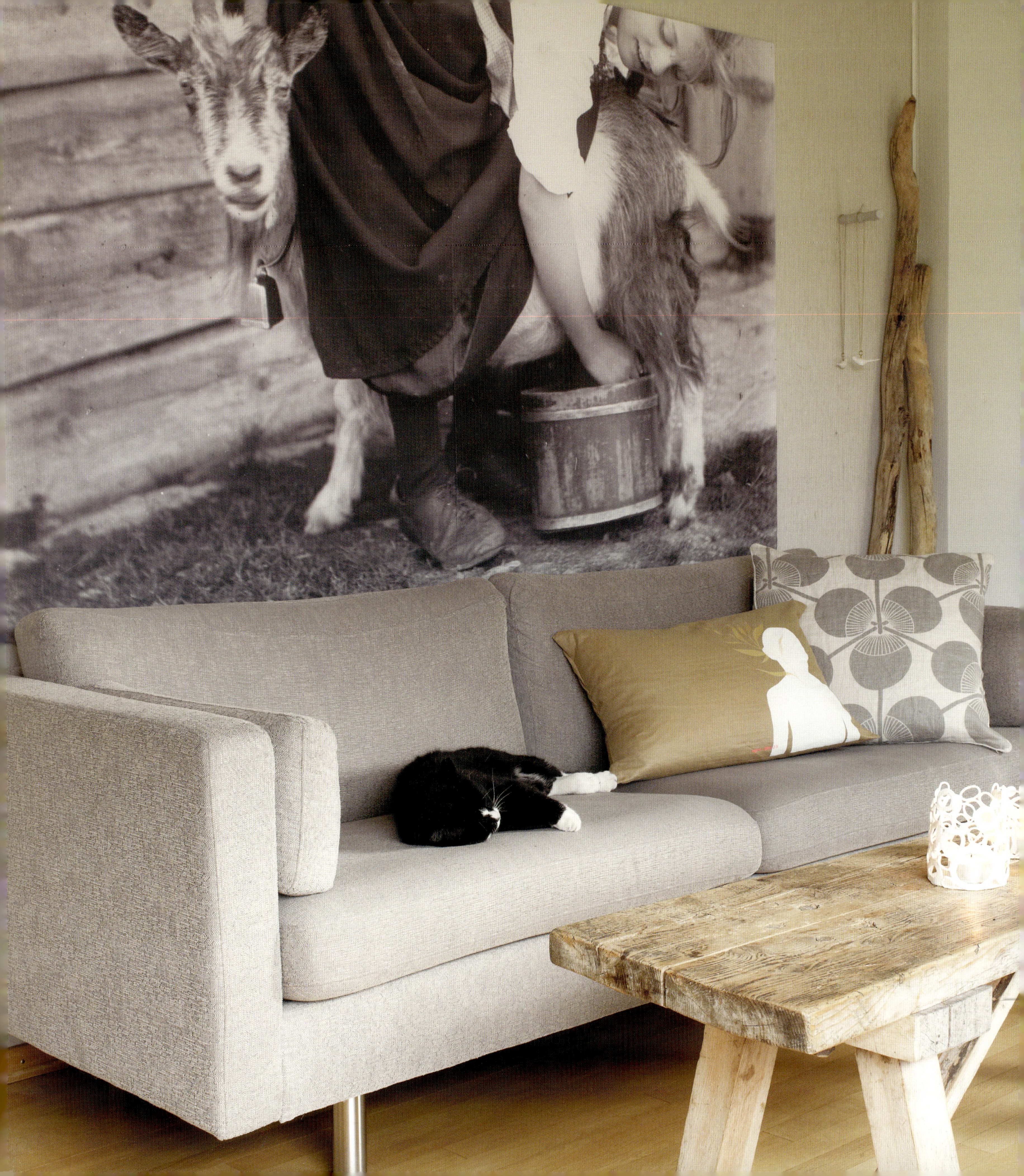

Sofa mit Katze

216 NATÜRLICH NORDISCH

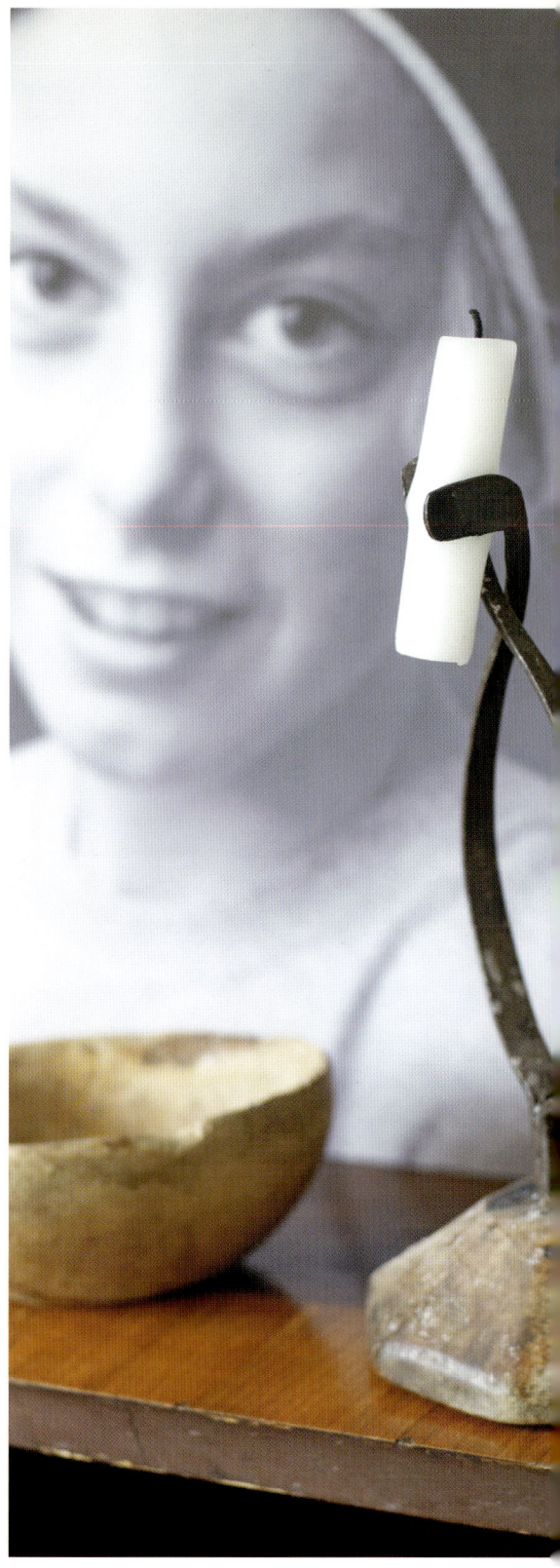

TRAUMHAUS 217

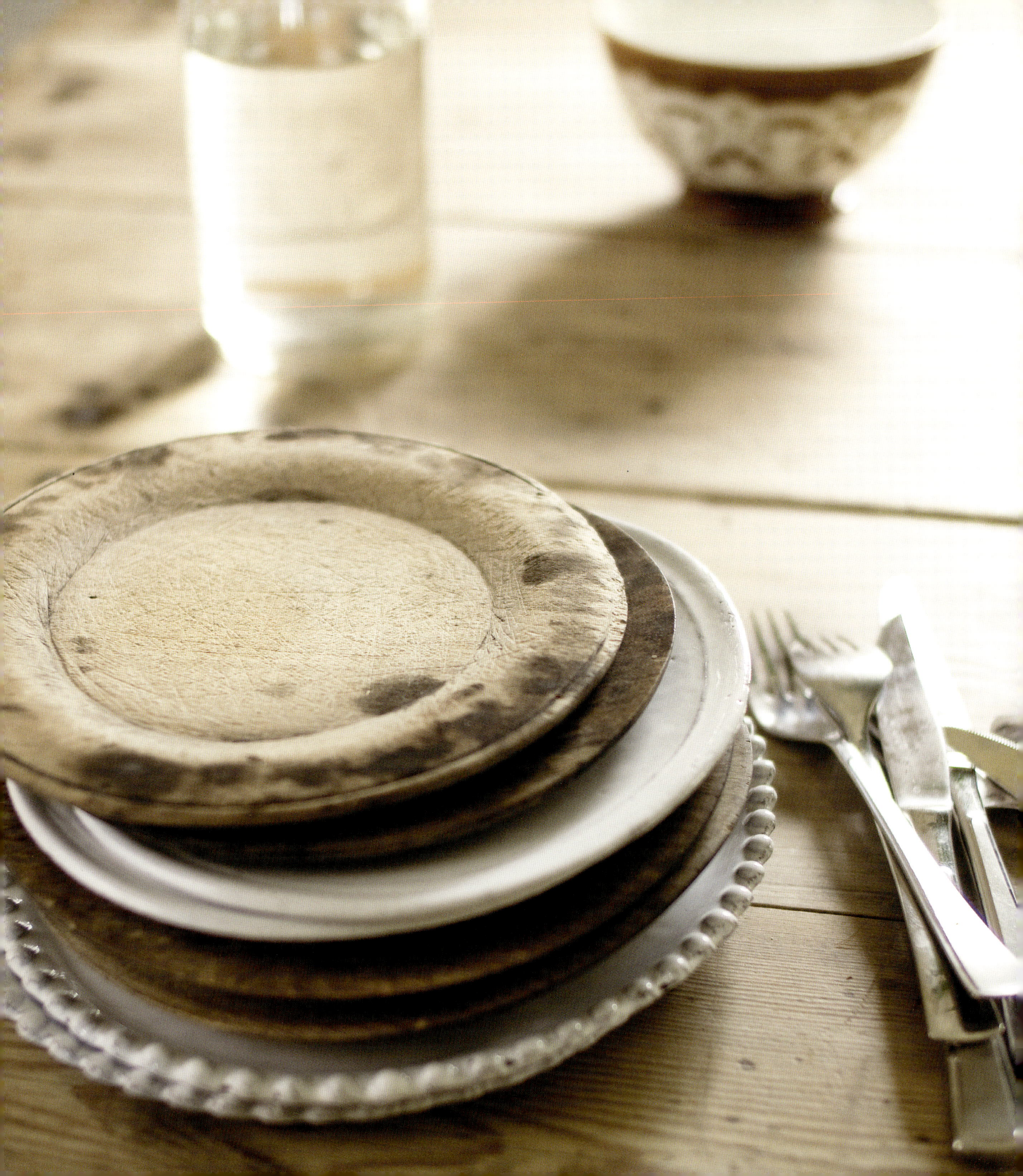

TRAUMHAUS 219

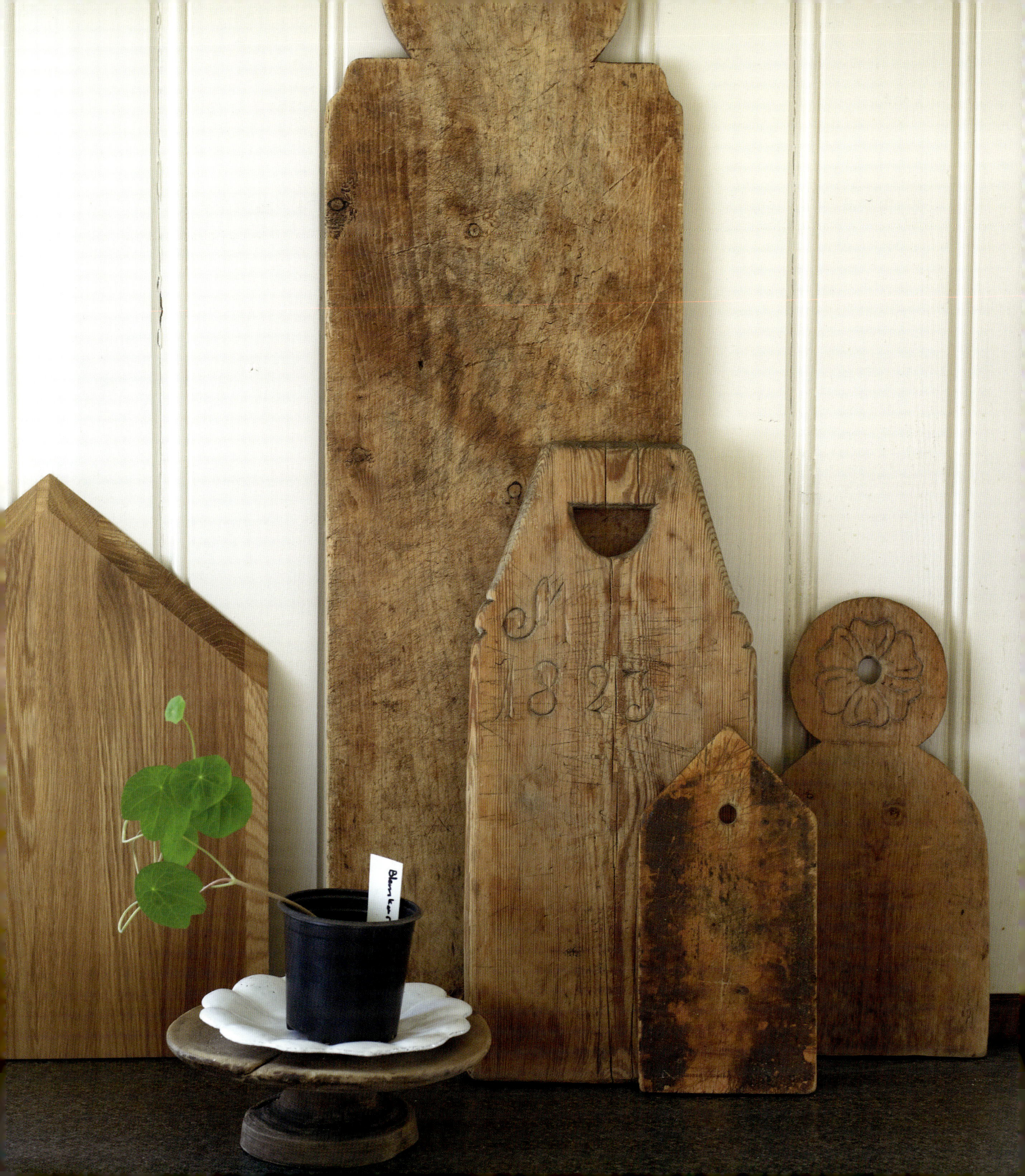
1823

Ein Fußschemel für die Allerkleinsten

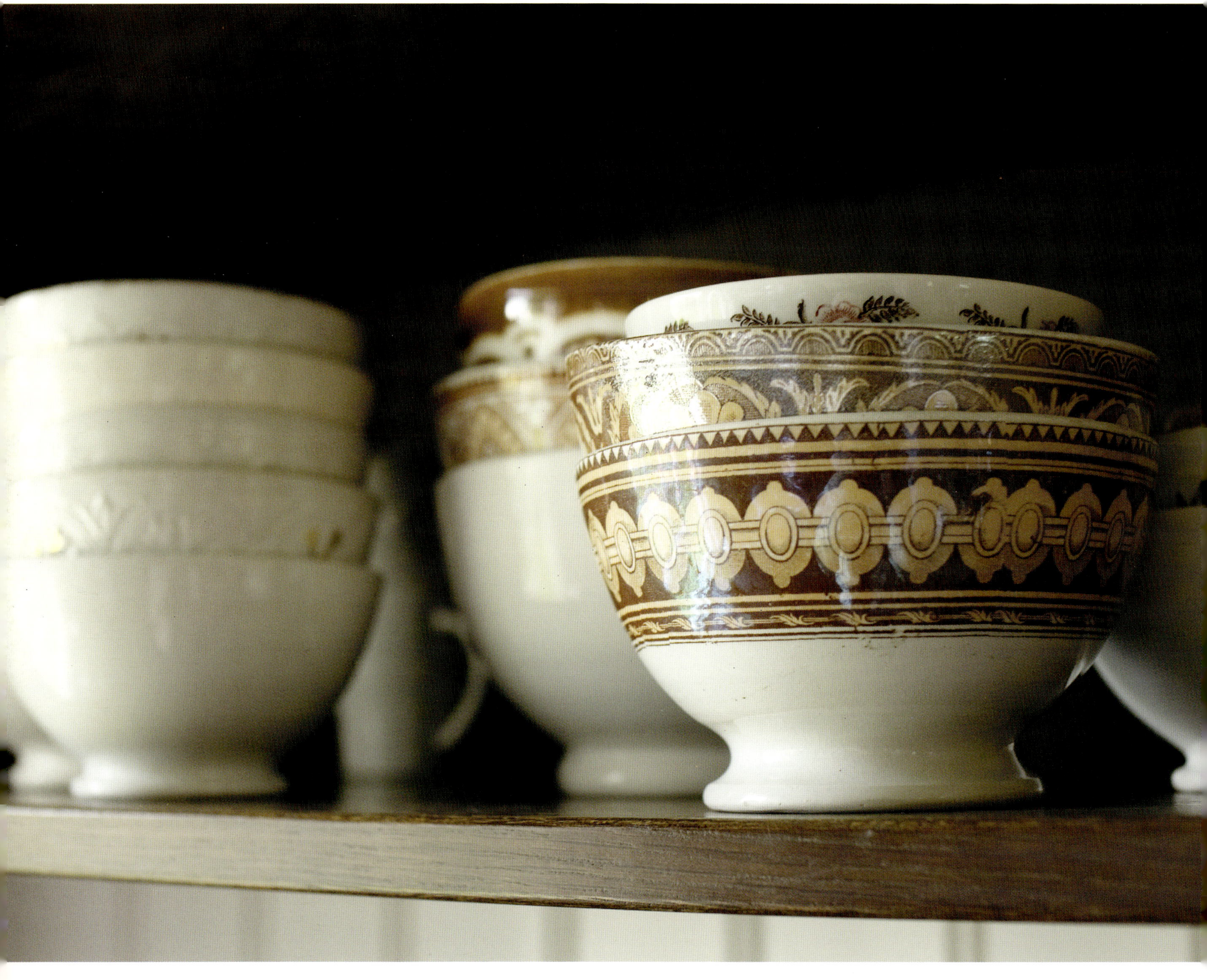

TRAUMHAUS 223

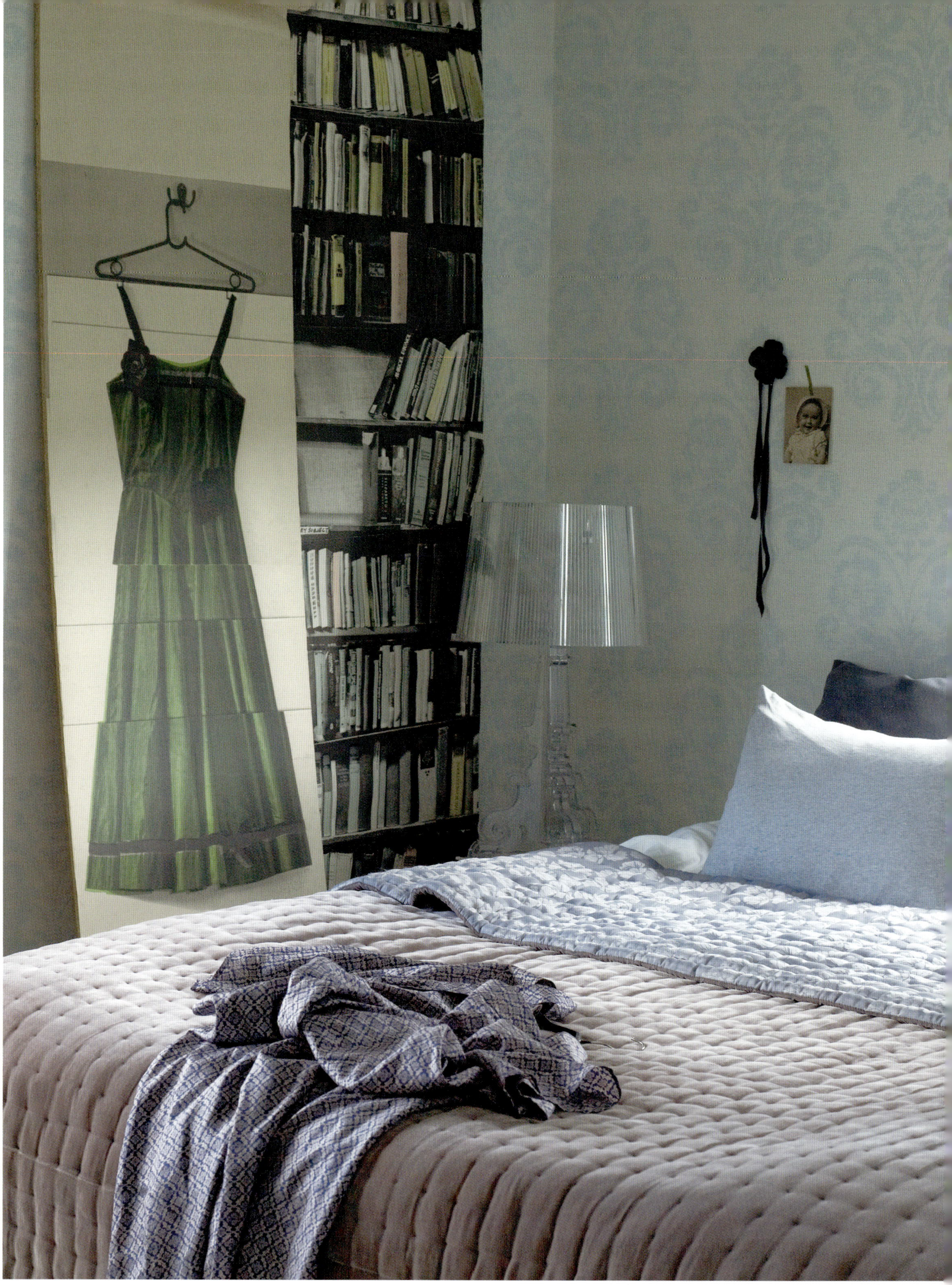

Bis dahin waren sich die frischgebackenen Hauseigentümer einig, doch in Bezug auf das Mobiliar gingen die Meinungen dann ziemlich auseinander. Torger hatte nämlich auf dem Dachboden und im Keller eine ganze Sammlung von Schätzen angehäuft – hölzerne Löffel, mit Silber beschlagene Taschenmesser und antike Kerzenhalter – und wollte diese natürlich gebührlich zur Schau stellen. Außerdem besaß er ein paar große Schränke im Bauernrokoko – einem Stil, von dem Heidi noch nie etwas gehört hatte. Da stellte sich natürlich die Frage, ob das alles ausgerechnet mit Charles Eames-Stühlen zusammenpasste.

Das Wohnzimmer im ersten Stock wurde mit Möbeln aus Heidis Einrichtungsladen bestückt. Hier spielen die Kinder Stine und Daniel oft mit ihren Freunden. Um den langen Holztisch aus dem 19. Jahrhundert steht ein Sammelsurium aus modernen Stühlen aus Stahl, Plastik und Chrom. Und es zeigt sich, dass die antiken Schneidebretter und die anderen Antiquitäten in der modernen Küche ganz wunderbar zur Geltung kommen. Torger ist überzeugt davon, dass der Sekretär aus Birkenholz einmal dem Bildhauer Gustav Vigeland gehörte. Die Schwarzweiß-Fotografie einer melkenden Ziegenhirtin nimmt beinahe die gesamte Wohnzimmerwand ein. Die weißgescheuerte Küchenbank vor dem modernen grauen Sofa könnte von ihrem Hof stammen.

Die spannenden Kontraste in Heidi und Torgers Haus sind ein gutes Beispiel dafür, dass sich Bauernrokoko und Möbeldesign des 2. Jahrtausends wunderbar miteinander kombinieren lassen.

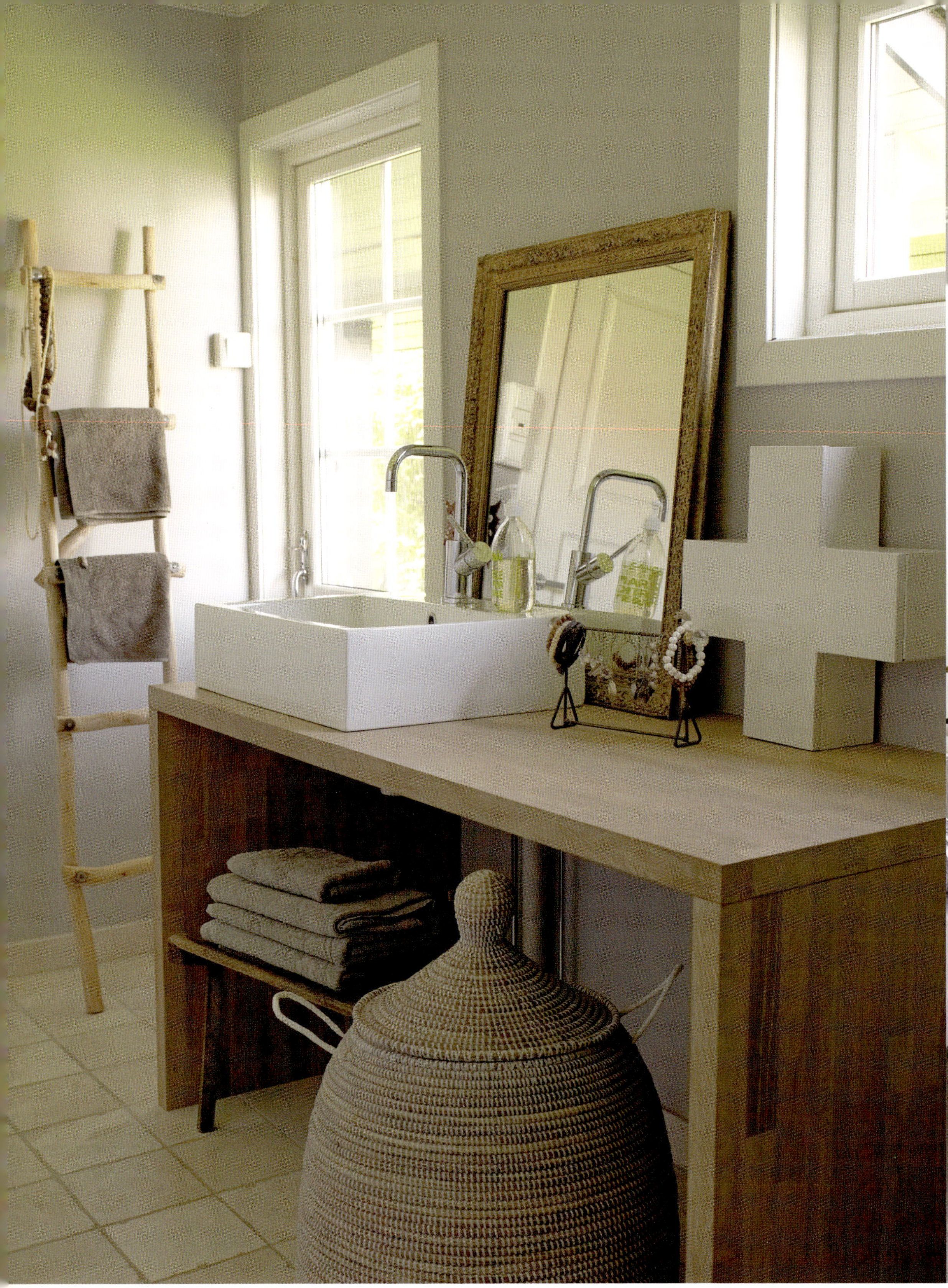

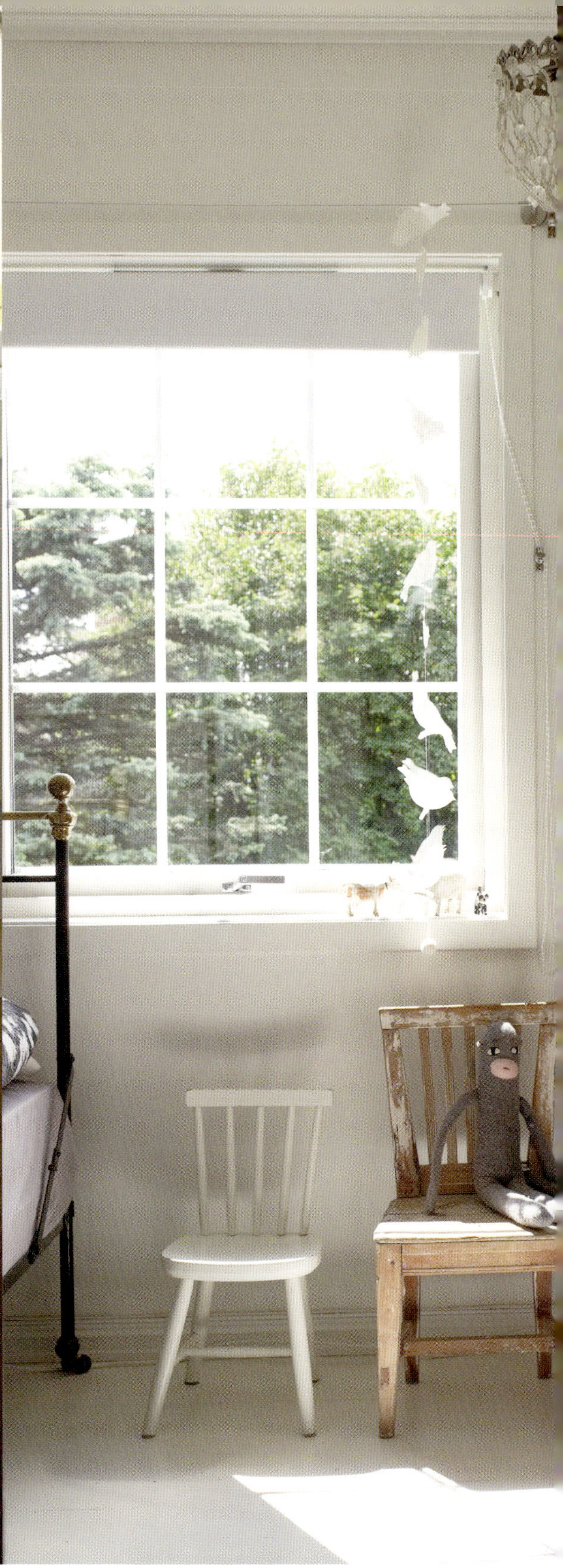

TRAUMHAUS 227

228 NATÜRLICH NORDISCH

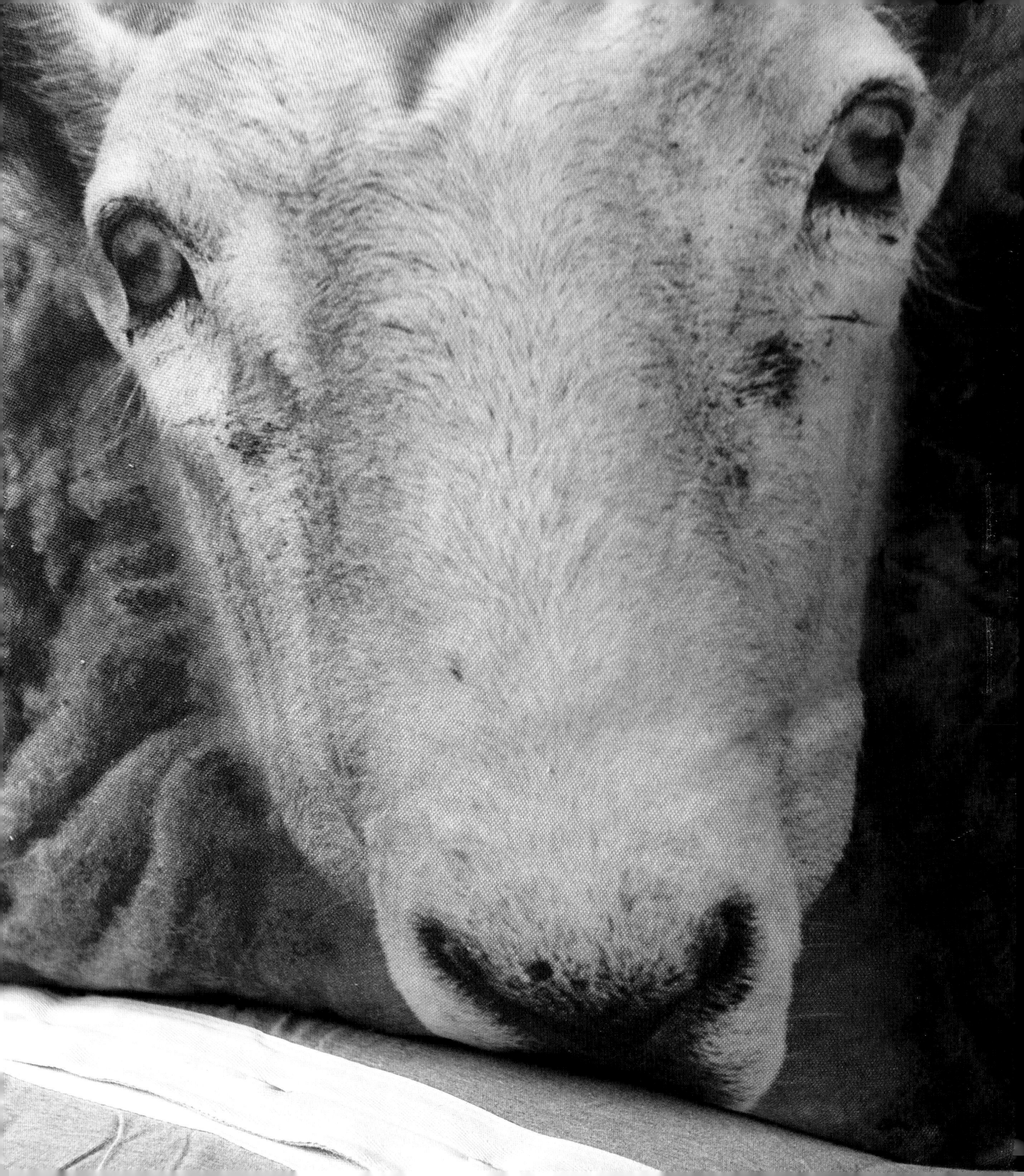

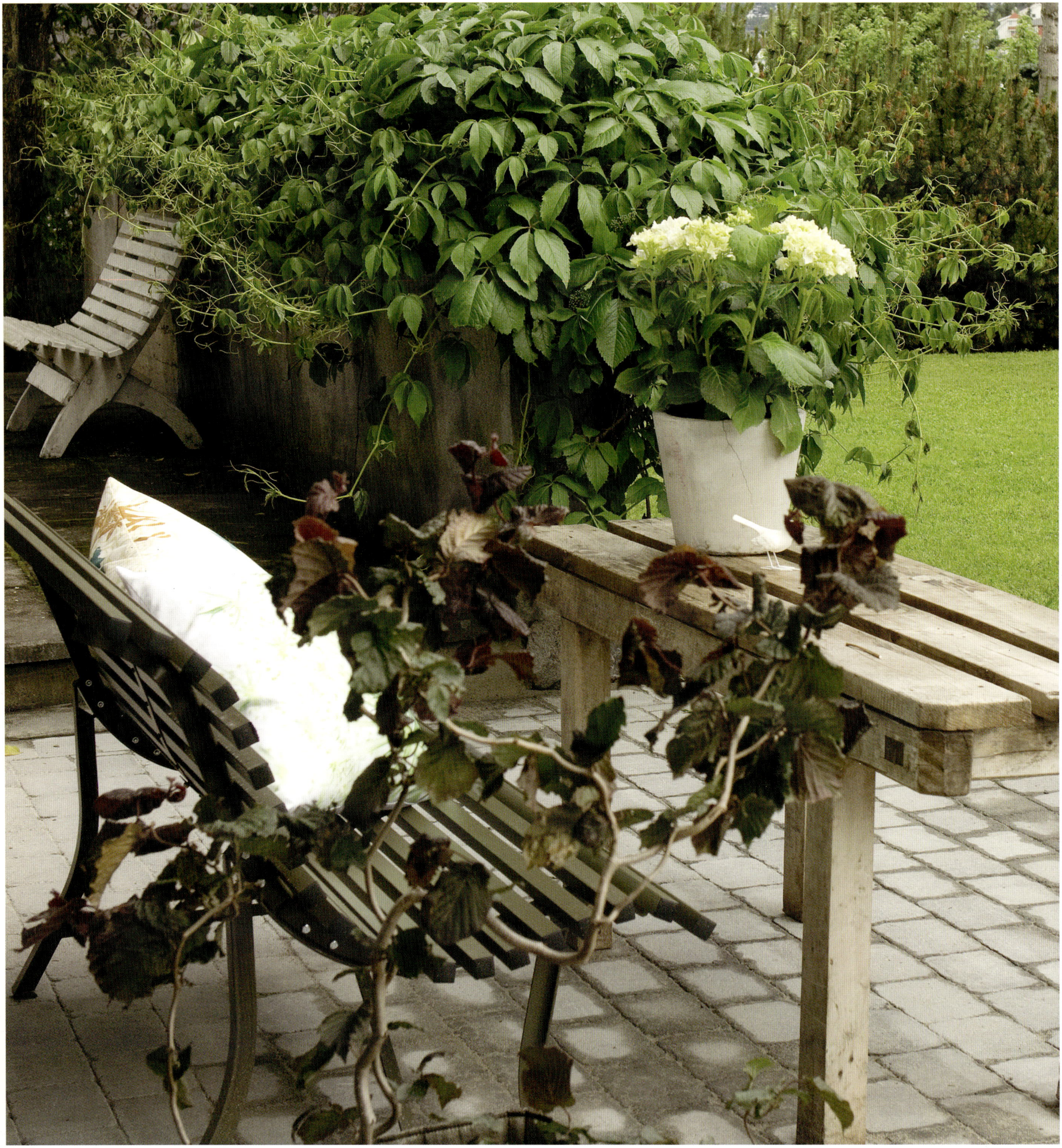

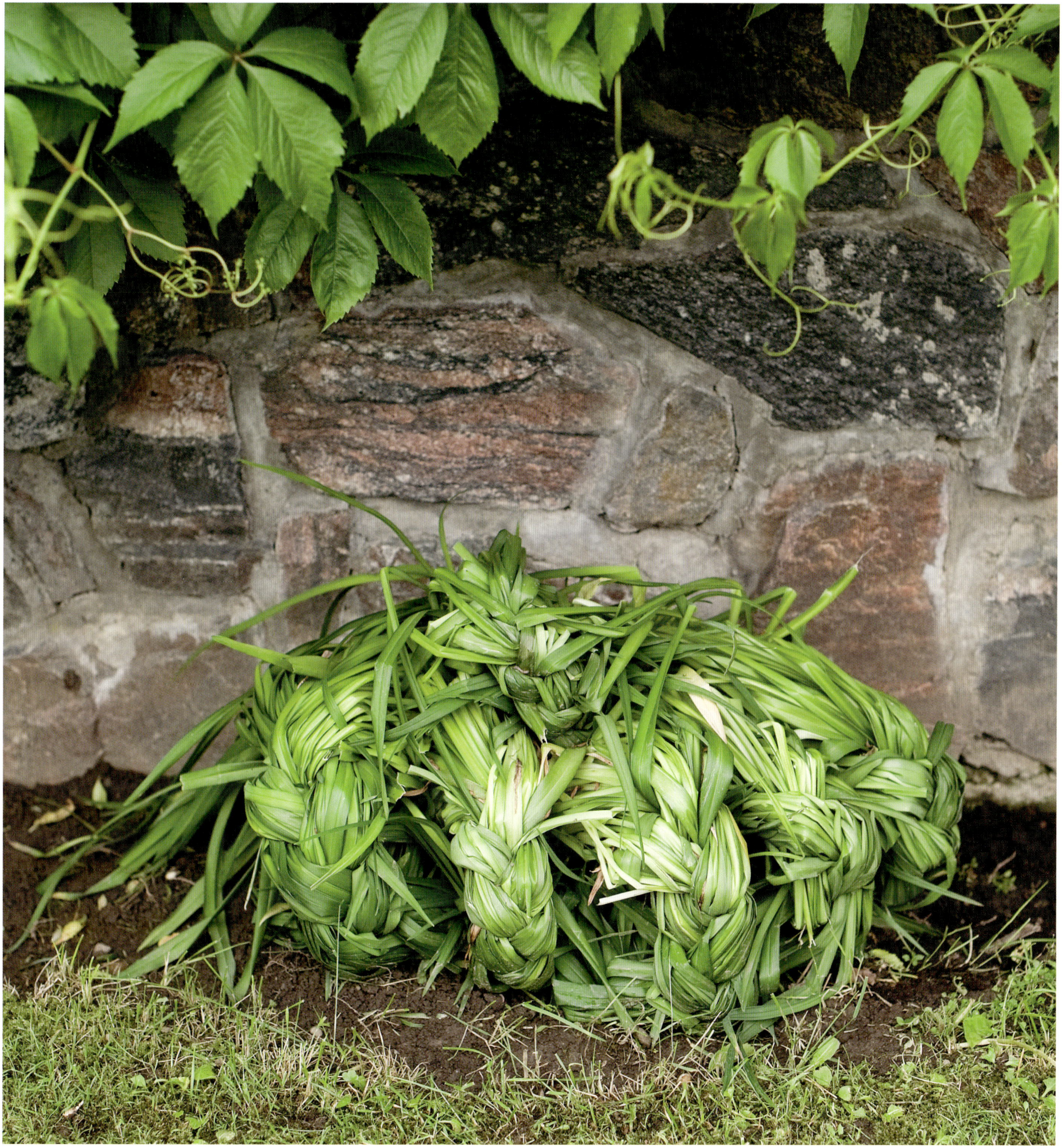

Vintage

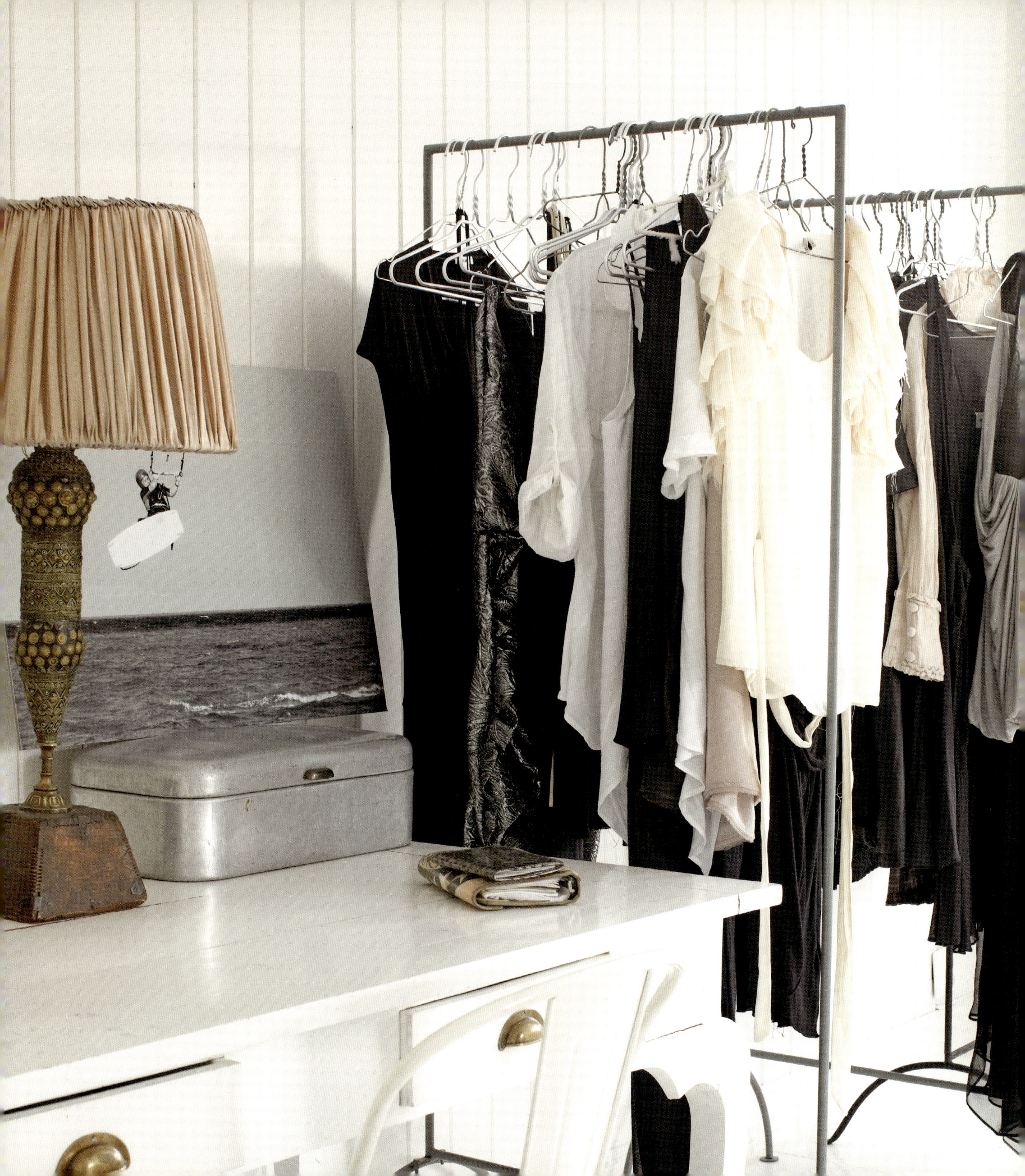

234 NATÜRLICH NORDISCH

Vintage-Ideen: Industrieschränke, Schulstühle, Bilderrahmen, Kristallleuchter und ein altes Feldbett.

Bauhaus DESIGN

Die drei Etagen des weißen Hauses aus Ziegeln, Glas und Zink hoch am Berghang recken sich dem Licht, der wunderbaren Aussicht und den Baumwipfeln entgegen. Die abwechselnd senkrechten und waagerechten Fenster sind recht schmal oder ziehen sich an manchen Stellen um die Hausecken herum, um möglichst viel Tageslicht einzufangen.

Durch die weißen Wände, Decken, Fußböden und Türen wirkt das Gebäude leicht und luftig.

Die drei 75 Quadratmeter großen Etagen sind durch eine Mitteltreppe miteinander verbunden.

Die Hausbewohner – Susanne, Stein und Sohn Fabian – halten sich meist in der dritten Etage auf, denn dort befinden sich die beiden Sonnenterrassen: Ein Frühstücksplatz mit Aussicht auf die Stadt Blommenholm und eine größere Terrasse, in der man von Wald umgeben die Abendsonne genießen kann. Die Esszimmerstühle sind dänische Möbelklassiker von Børge Mogensen. Zusammen mit dem französischen Eichenparkett bringen diese Holzelemente etwas Wärme in das grafische Weiß der Einrichtung.

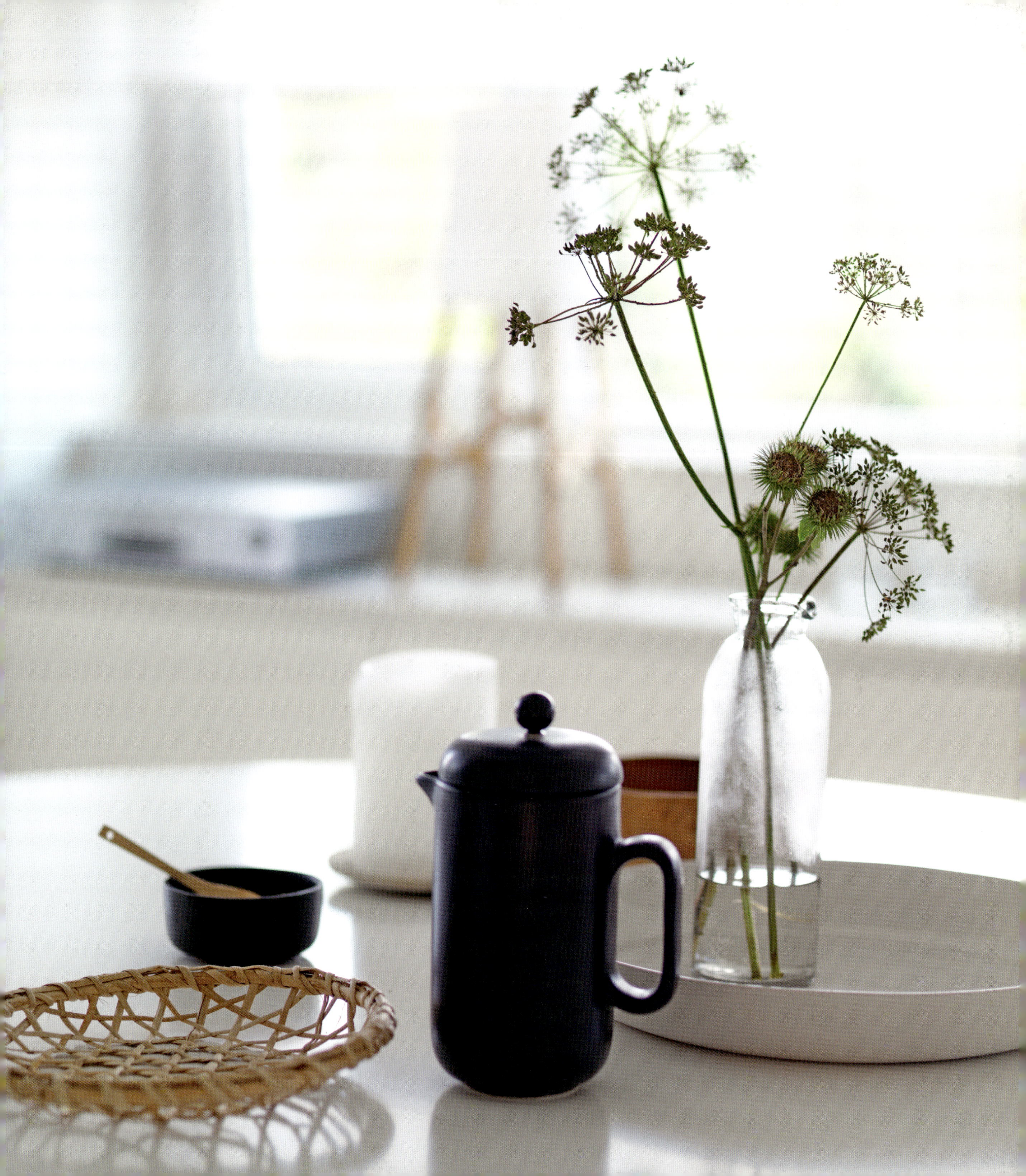

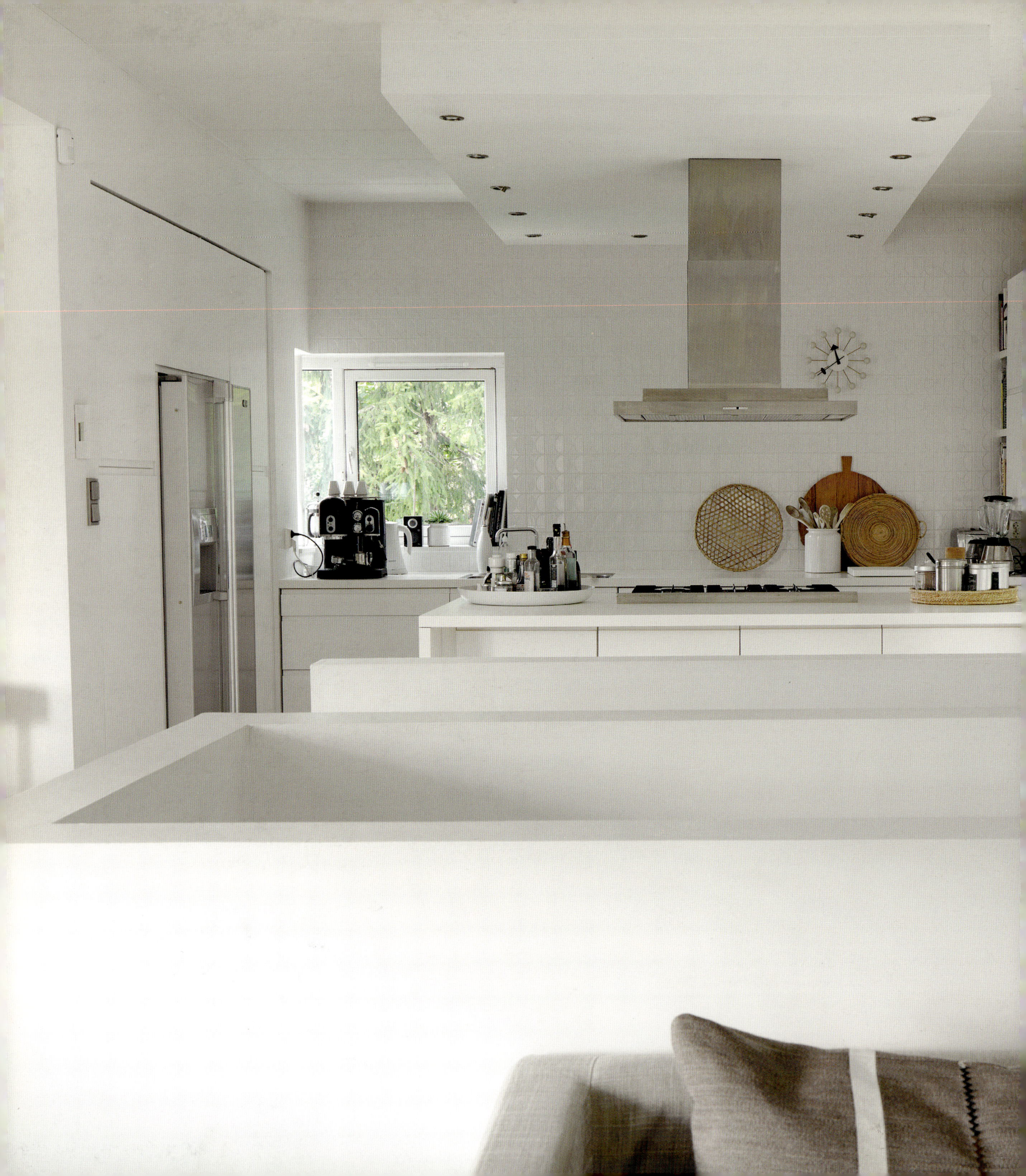

Kubistisch

BAUHAUS-DESIGN

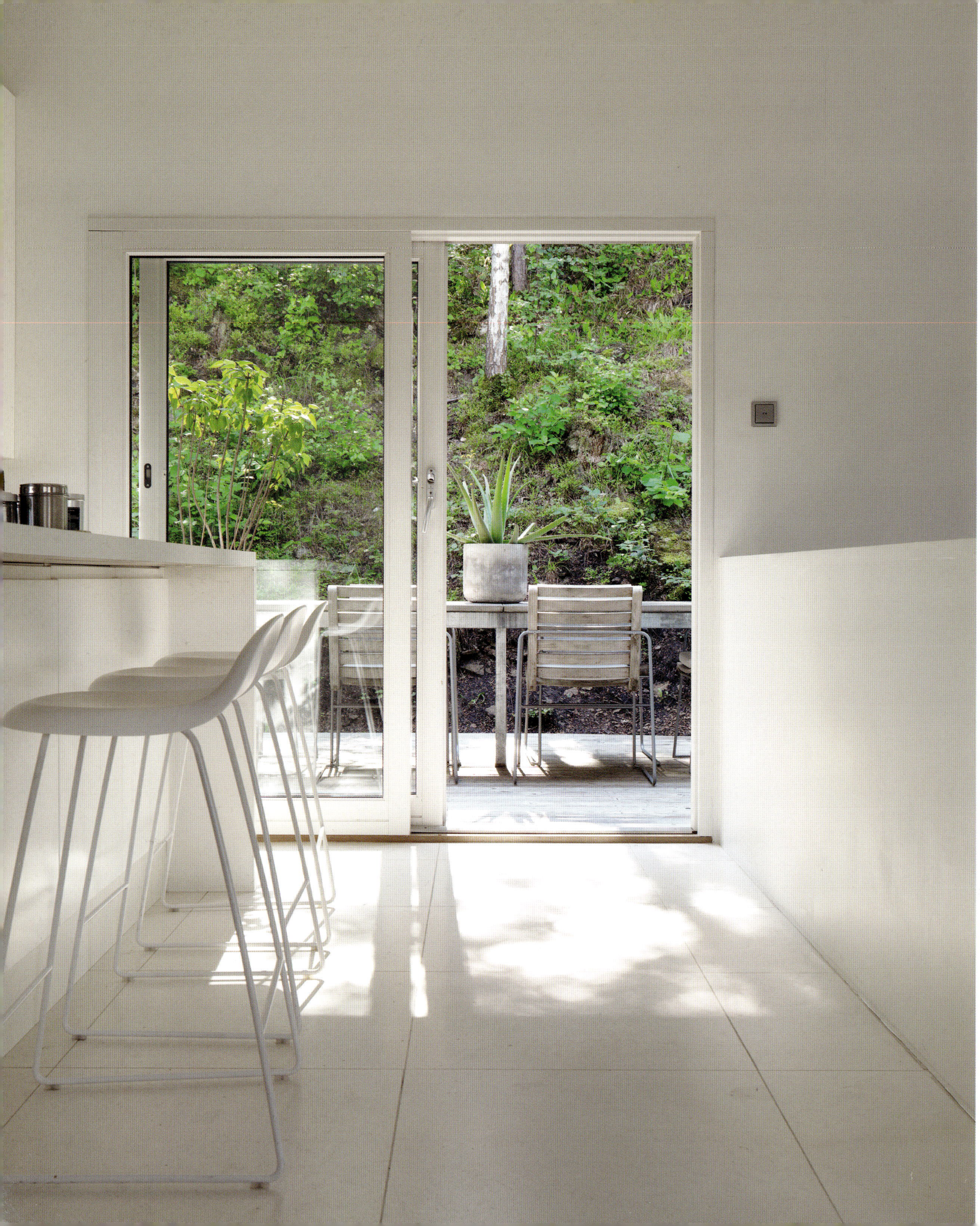

BAUHAUS-DESIGN 241

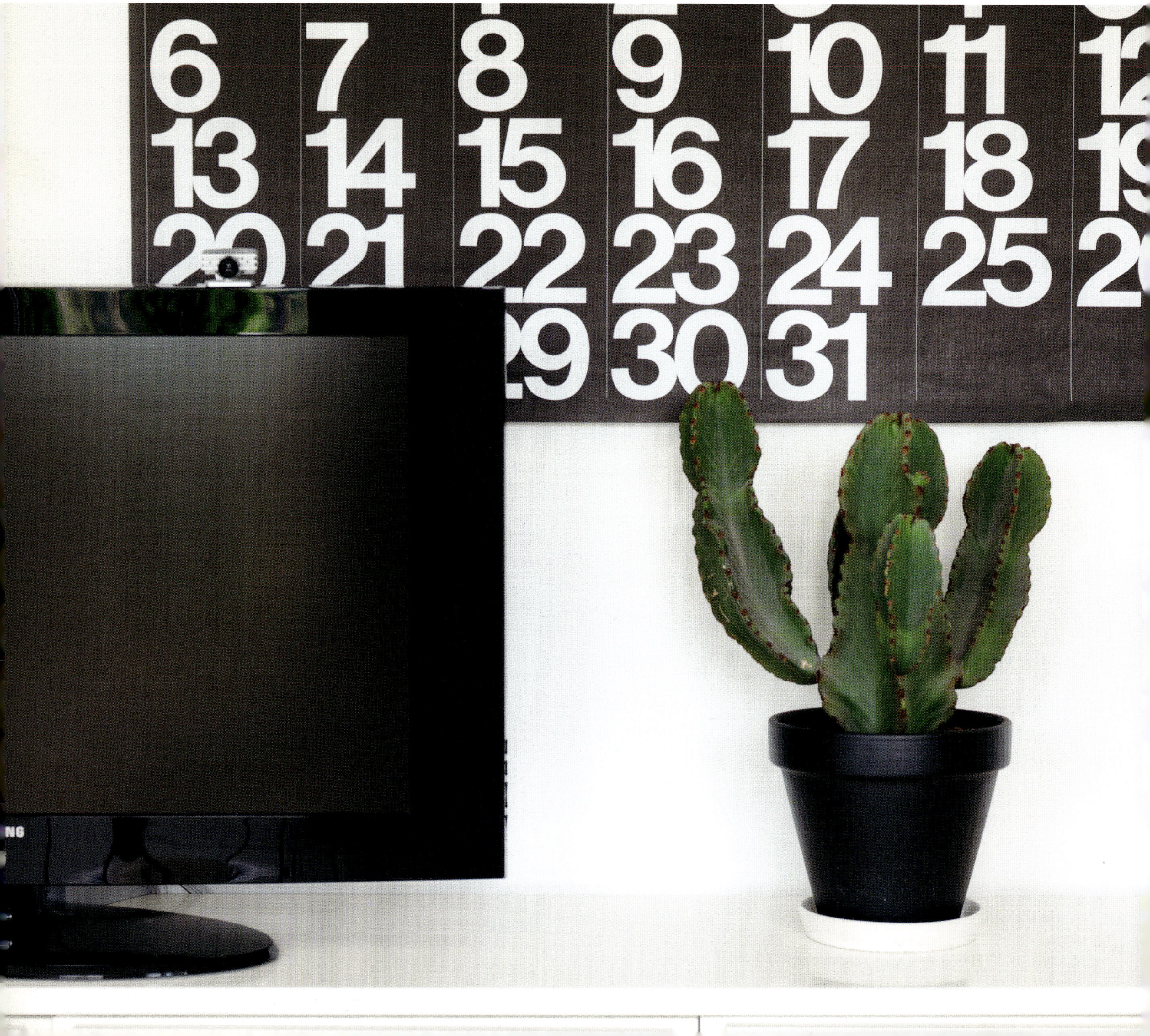

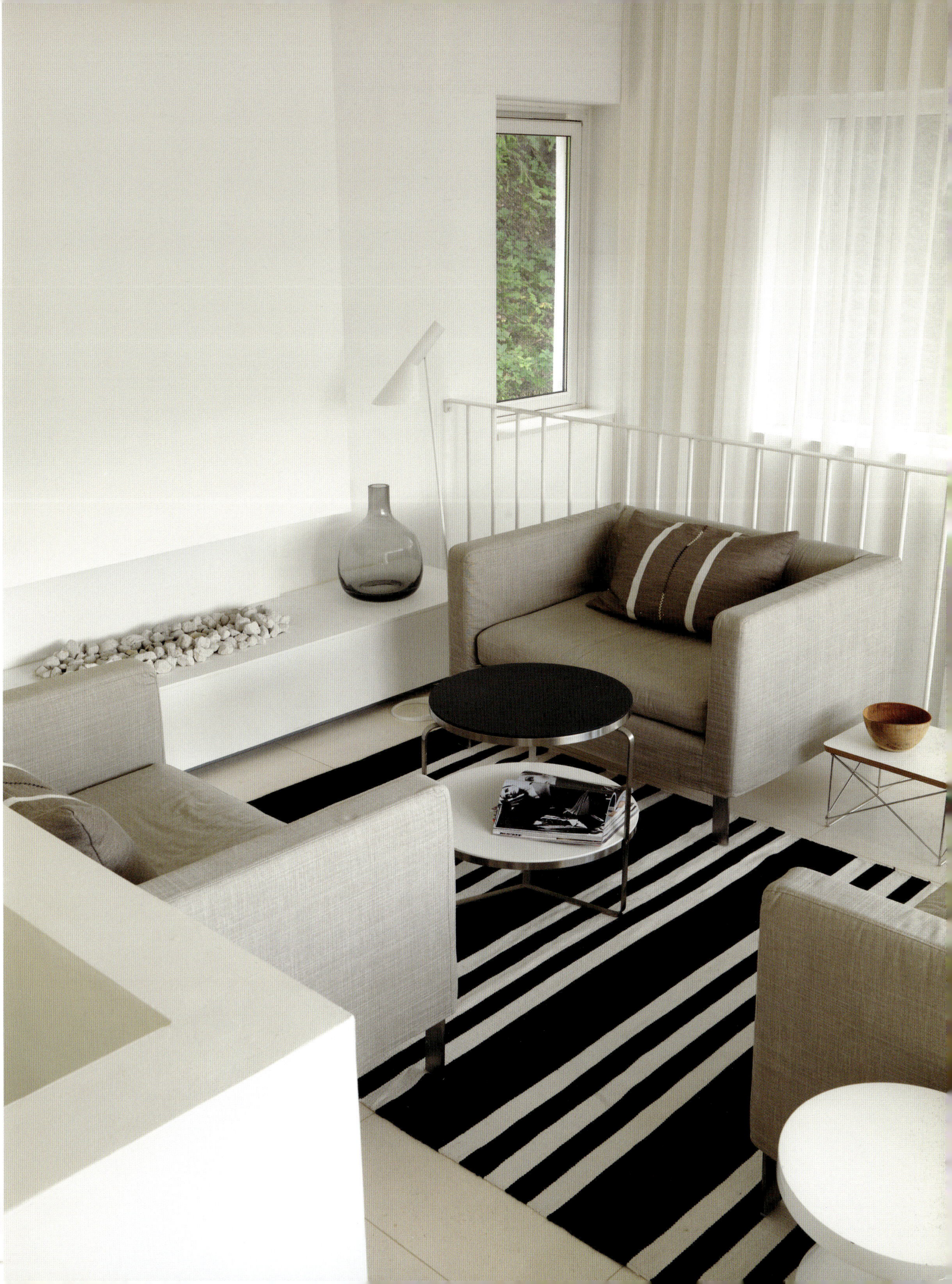

WHISTLER
DanishModern
VILLA
arkitekttegnede eneboliger
Fotograf Morten Brun
GYLDENDAL
ACNE
VILLA

VILLA
ACNE PAPER
HENRIK SØRENSEN
SURREALIST DRAWINGS
minimalist garden
HOUSES

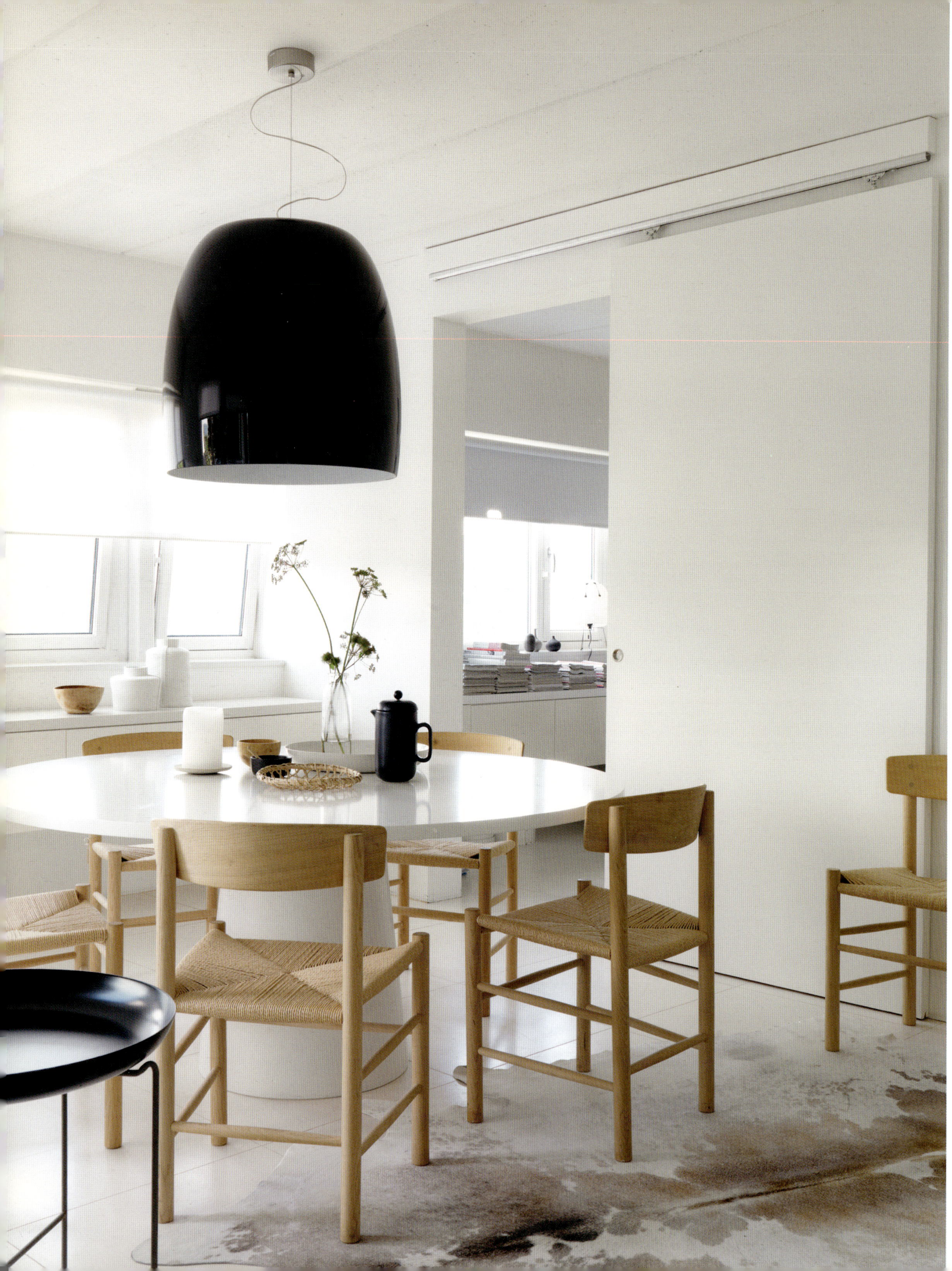

Die Wohnküche wird durch das halbhohe Treppengeländer in Zonen unterteilt. Die glatten weißen Flächen der Kücheneinrichtung und die weißen Wandfliesen mit dem kreisrunden Prägemuster im Retro-Stil verschmelzen optisch mit den weißen Wänden. Den großen runden, ebenfalls weißen Esstisch hat Stein aus einem großen umgestülpten Terrakottatopf und einer Laminatplatte selbst gemacht.

Die Einrichtung zeigt von einem sicheren Stilgefühl, gepaart mit designerischer Sachkenntnis. Und das ist kein Wunder, denn Susanne ist freiberufliche Stylistin. Ihr Büro befindet sich Wand an Wand mit der Küche.

Im Wohnbereich stehen drei tiefe Sessel vor einem gemütlichen Gasofen. Durch das offene Gelände schaut man in die darunterliegende Etage mit dem Fernsehraum, in dem sich auch die Kunst- und Designbücher auf dem Sofatisch stapeln. Dort werden die klaren Linien durch den Butterfly-Lehnstuhl aus Segeltuch und eine große Ballonleuchte aus Baumwollstoff unterbrochen.

In dieser Etage liegen auch das Elternschlafzimmer und das Badezimmer. Der neun Jahre alte Fabian kann sich im Erdgeschoss nach Herzenslust mit seinen Legosteinen und Bauprojekten austoben.

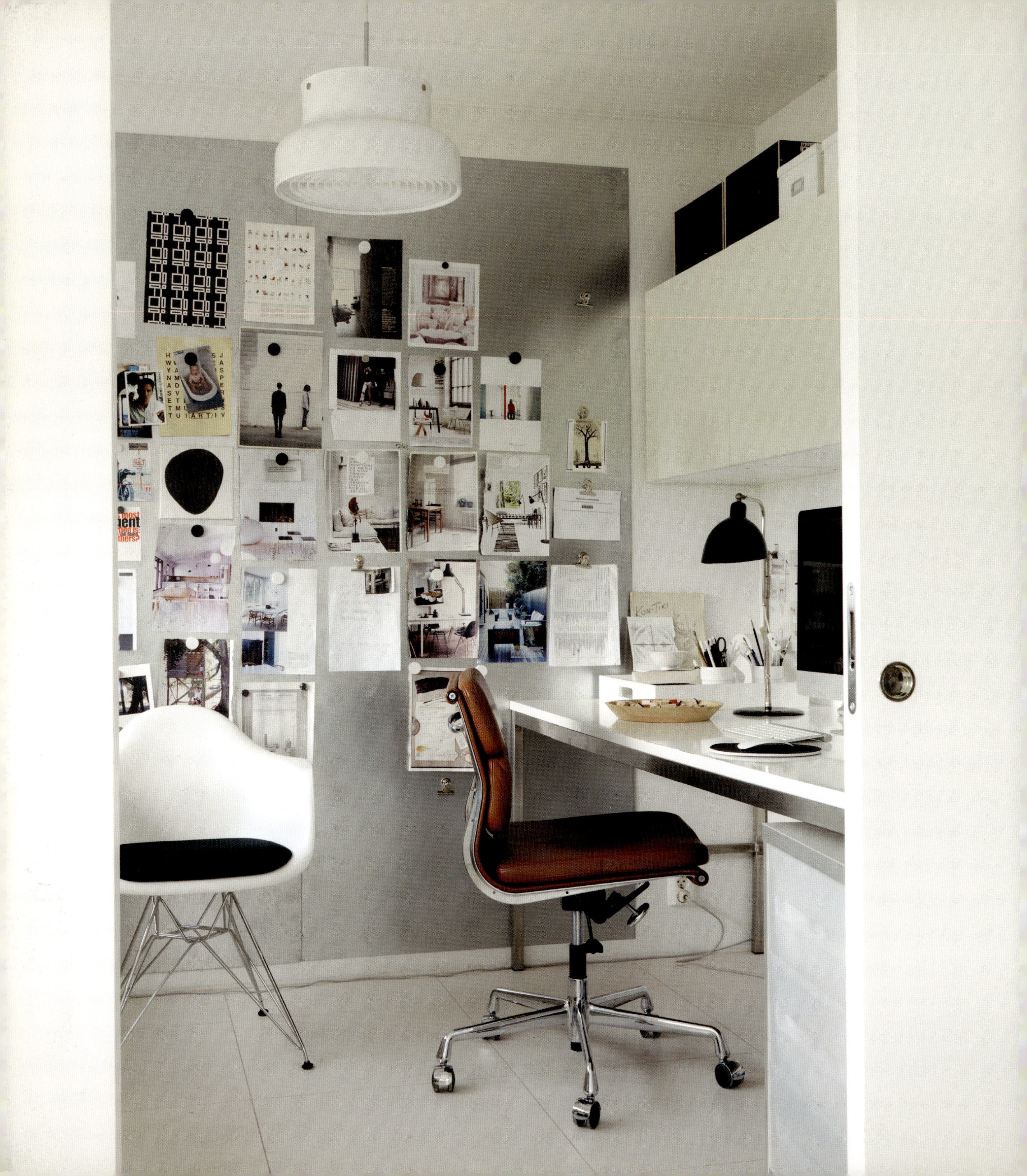
KON-TIKI

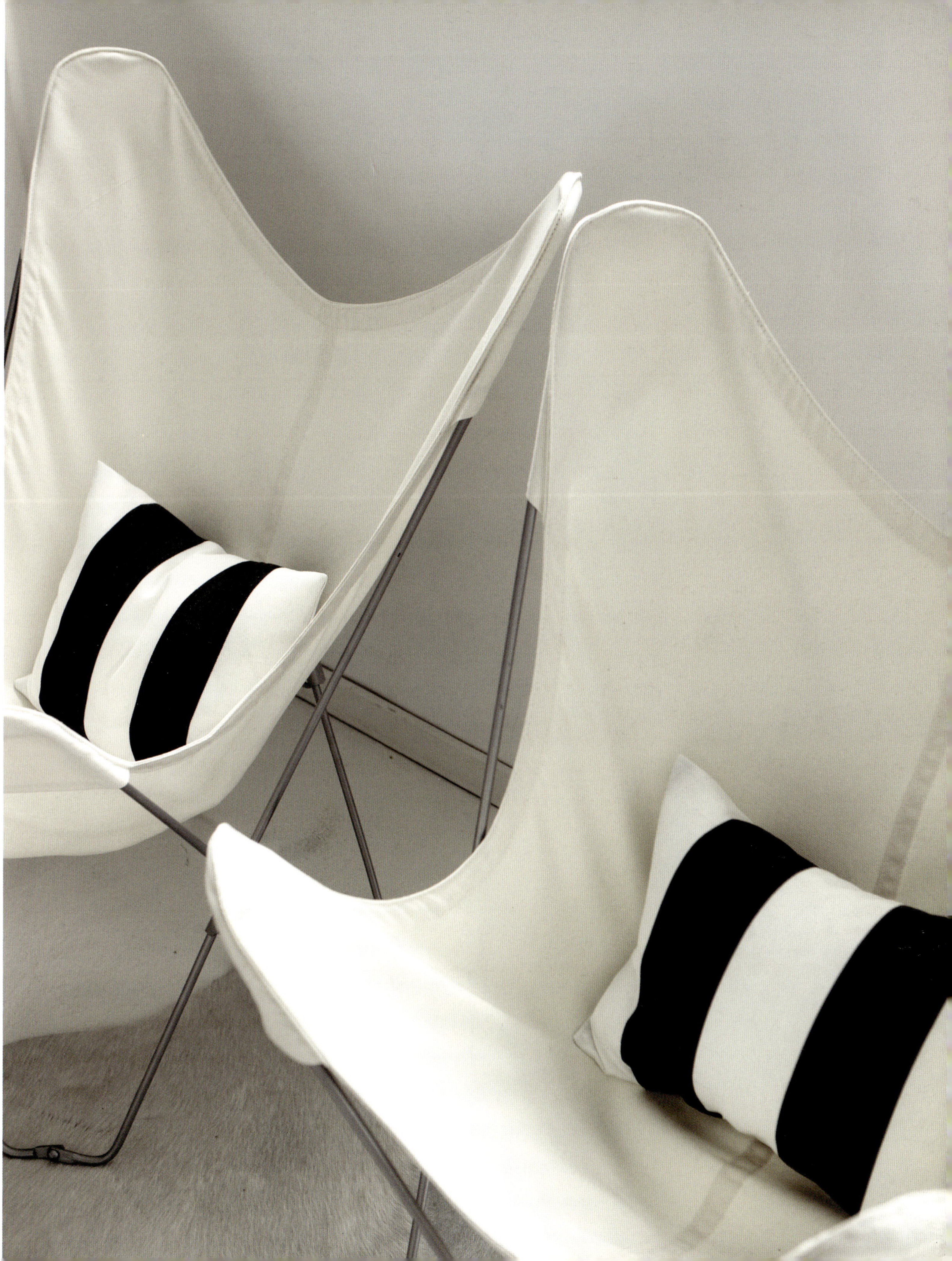

Ordentlich am Haken

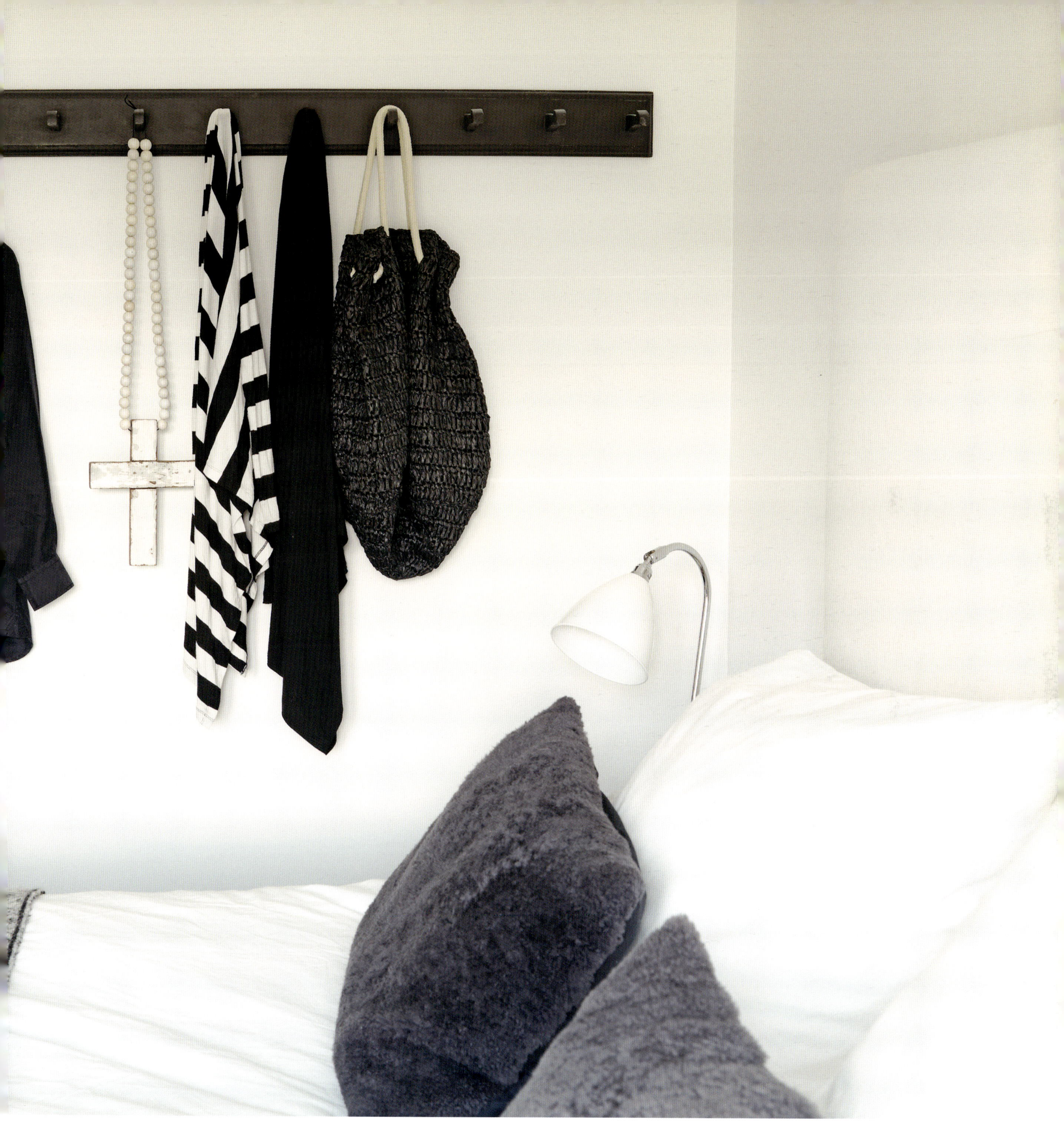

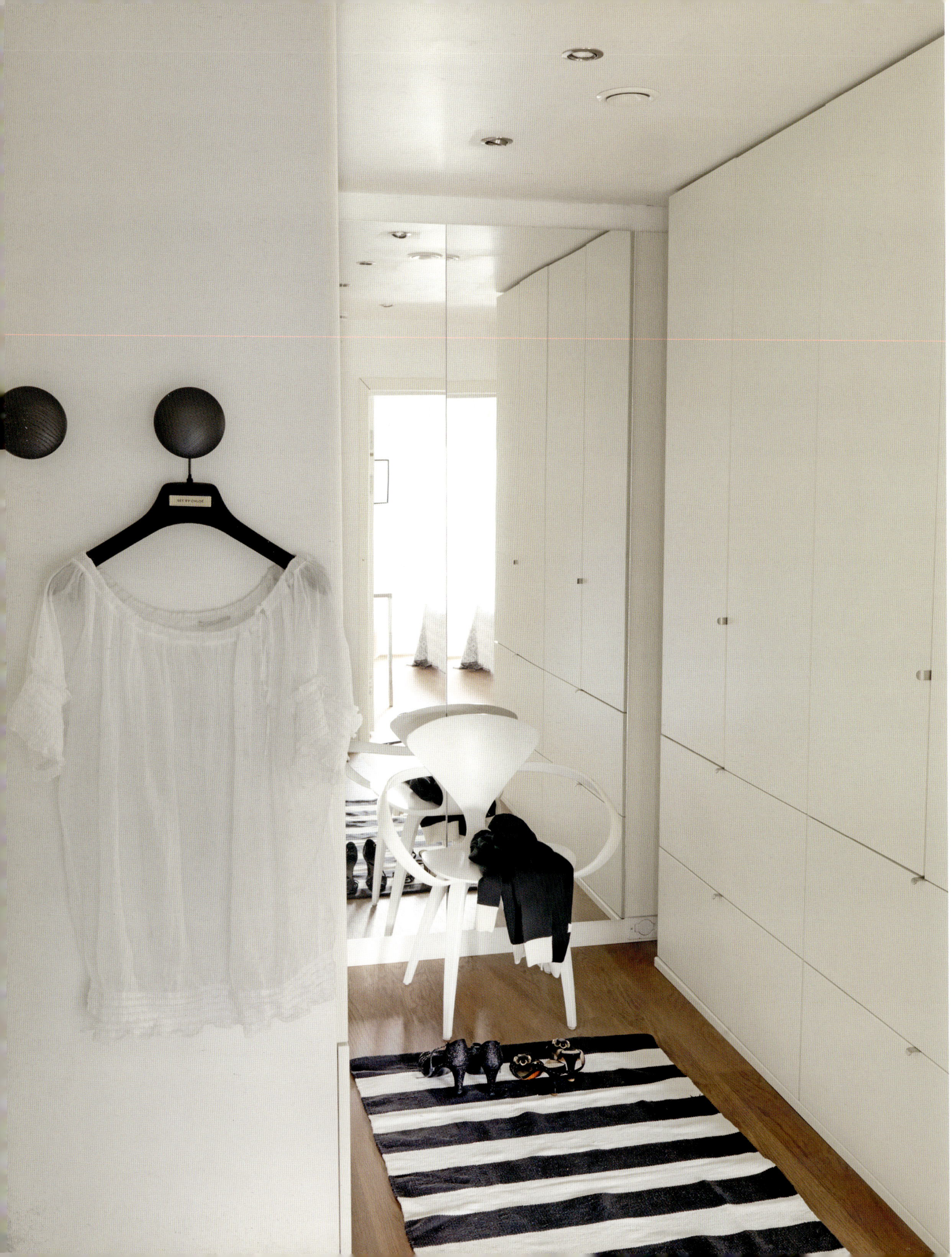

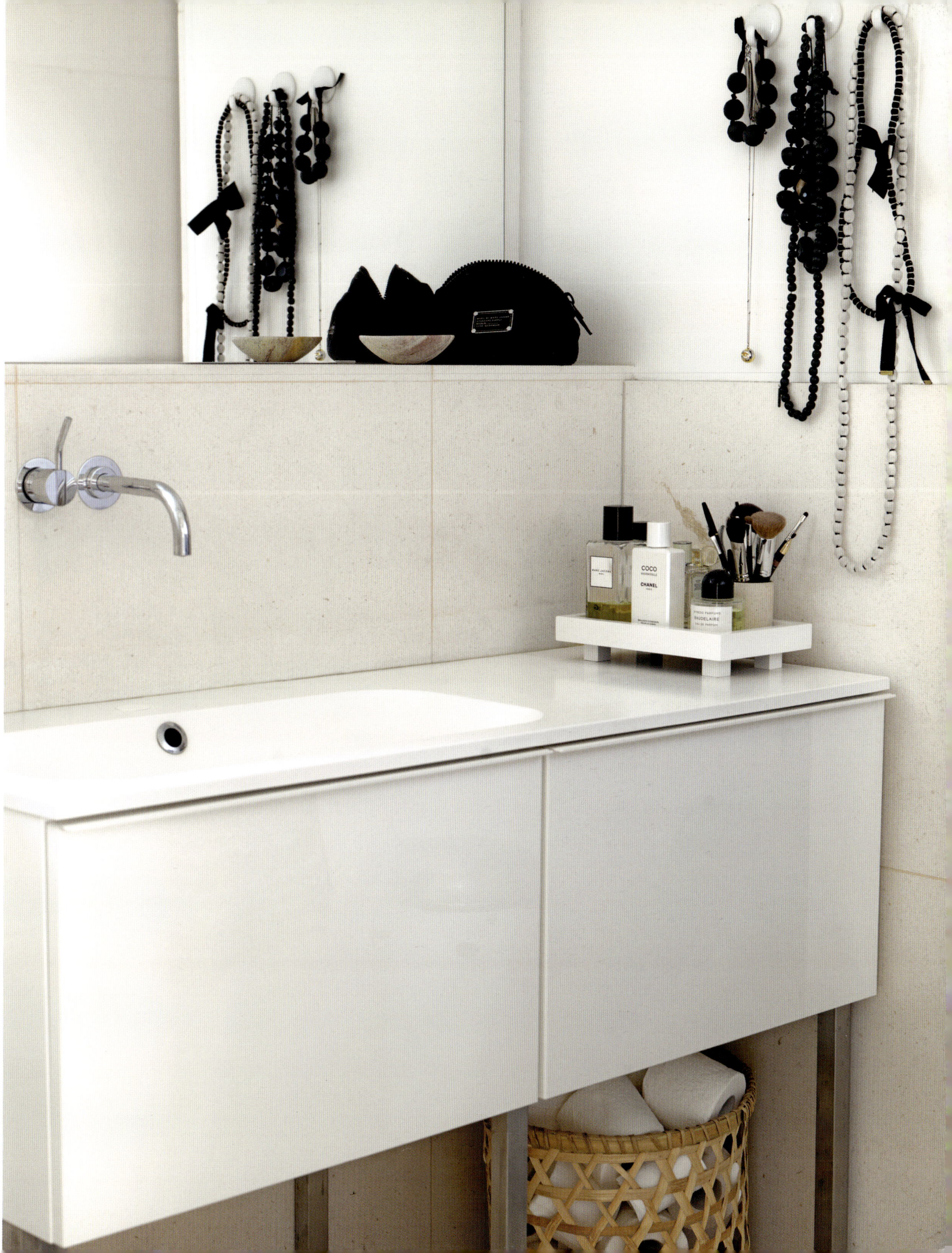
COCO
CHANEL
BYREDO PARFUMS
BAUDELAIRE
EAU DE PARFUM

SEATTLE
MONTREAL
CHICAGO
BOSTON
NEW YORK
WASHINGTON
S.FRANCISCO
LOS ANGELES
NEW ORLEANS
TAMPICO
MEXICO
PE

BAUHAUS-DESIGN 255

NATÜRLICH NORDISCH

BAUHAUS-DESIGN 257

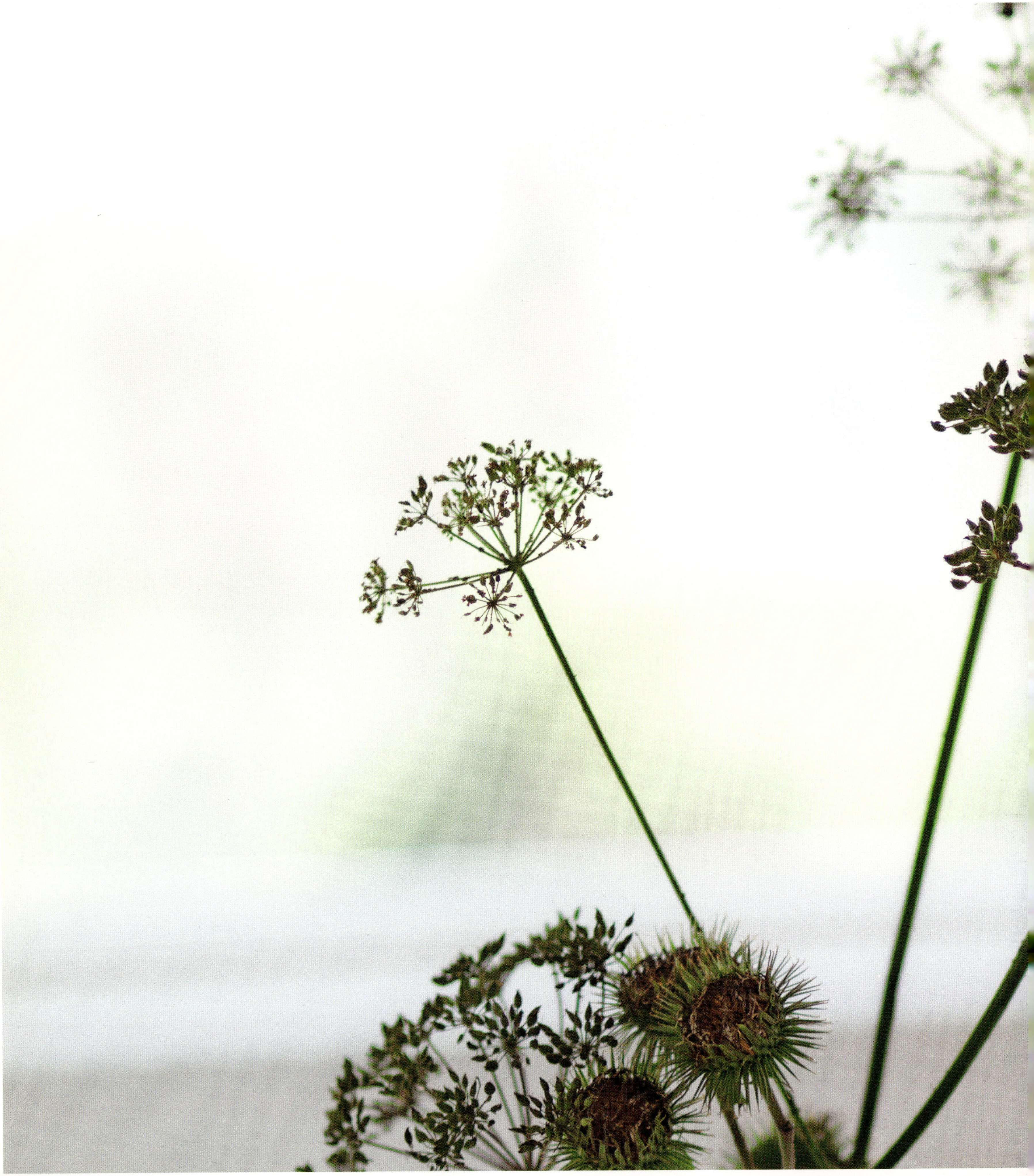

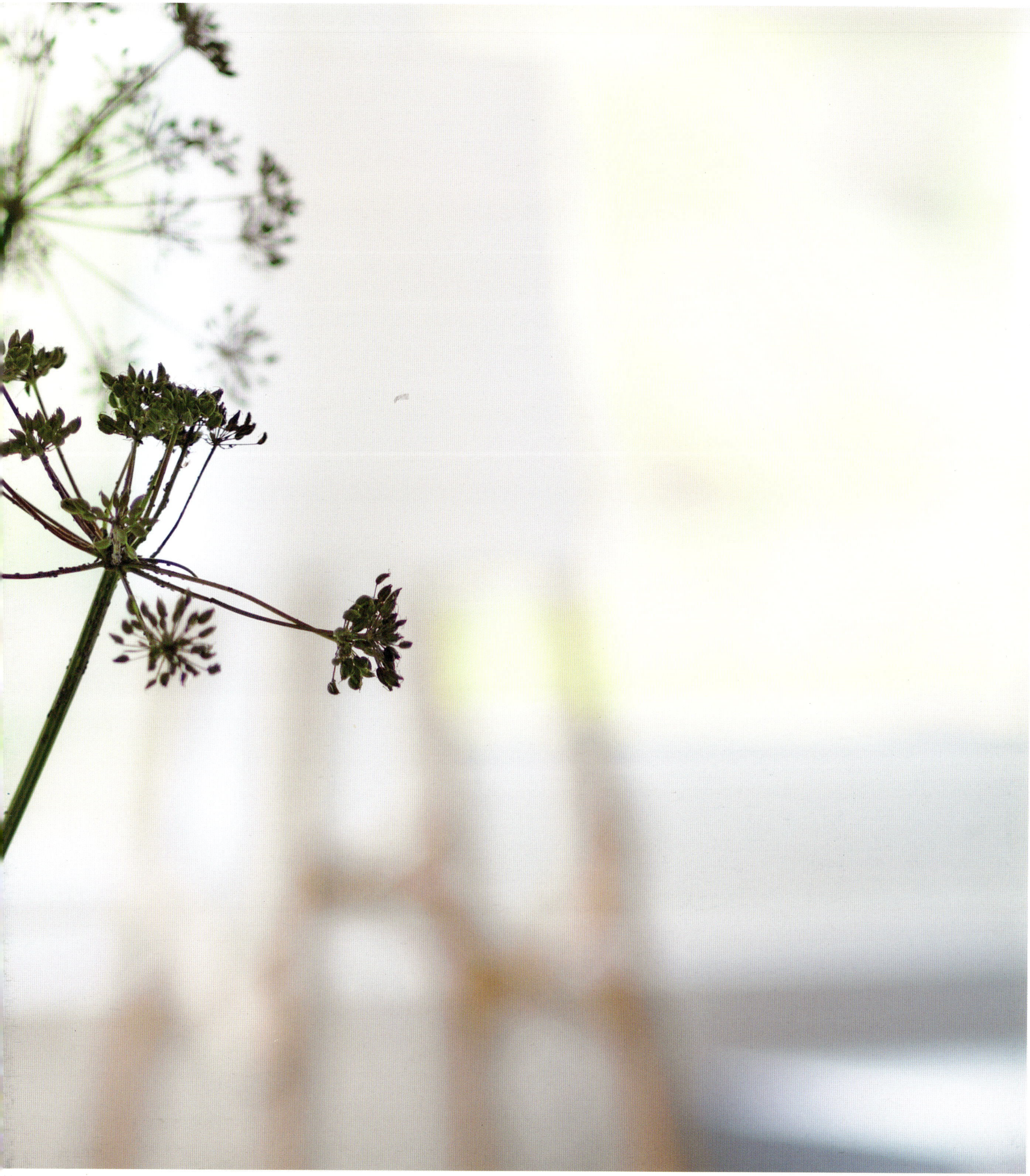

Bezugsquellen und Danksagung

Seite 4: Bei Elisabeth Gran Anderson zu Hause, Gran Domino www.grandomino.no

Seite 90: Anschlagbrett «Good news» von Sørensen Østlyngen. Regal «Libri», www.sorensenmobler.no

Esszimmerstühle «Flow», Tannum møbler, www.tannum.no

Seite 169: Haken aus Wacholderholz von Kjell Visdal.

Seite 171: Tisch und Bild von Ingvild Flesland, www.vildvintage.blogspot.com

Seite 194: Hausentwurf von Code: Arkitektur AS

Y-Stuhl, Huseby møbler, www.ahuseby.no

Sitzkissen Ricco von Avec, Barstol Vela von Accademia, Blåmann møbler, www.blamann.com

Seite 232: Bei Hanne Borge, Bolina, www.bolina.no

Seite 246: Esszimmerstuhl J39, Blåmann møbler, www.blamann.com

Seite 260: Lampenschirm von Heidi Bjørnsdotter Thorvik, www.vølt.no

Danke an Bolina und Verket Interiør für die Requisiten.

Danke an Herman Dreyer für Fotografie und Unterstützung.